Horst-Udo Niedenhoff
Horst Schuh

Argumentieren – Diskutieren

Eine Taktikfibel für die Praxis

2., überarbeitete Auflage

div
Deutscher Instituts-Verlag GmbH

Die Deutsche Bibliothek – CIP-Einheitsaufnahme

Niedenhoff, Horst-Udo:
Argumentieren – diskutieren : eine Taktikfibel für die Praxis / Horst-Udo Niedenhoff ; Horst Schuh. – 2., überarb. Aufl. – Köln : Dt. Inst.-Verl., 1995
ISBN 3-602-14380-5
NE: Schuh, Horst:

Gustav-Heinemann-Ufer 84–88, 50968 Köln,
Postfach 51 06 70, 50942 Köln
Telefon (02 21) 3 70 83 41
Lektorat: Axel Taeger
Druck: Bercker, Kevelaer

Inhalt

I Einleitung:
Demokratie, Diskussion, Sprachreflexion

Ein wesentlicher Gradmesser für die Qualität der politischen und gesellschaftlichen Kultur ist der repräsentative Standard freien Sprechens. Eine funktionierende Demokratie ist ohne gesellschaftliche Einübung in Rede und Gespräch kaum vorstellbar (Schuh/Watzke, 1994, 8 und 14 f.).

Diskussion und Demokratie gehören zusammen, im Parlament ebenso wie in der Familie oder im Betrieb. Demokratie ist in erster Linie ein Kampf um konkurrierende Werte. Auch wenn es vielfältige Formen demokratischer Strukturen gibt und in jeder eine unübersehbare Anzahl von Situationen, so bleibt doch das Urmittel demokratischer Auseinandersetzungen immer das gesprochene Wort. Bis auf den heutigen Tag ist das so geblieben, ergänzt durch das geschriebene Wort, das erst aufgrund der technischen Entwicklung in den letzten Jahrhunderten seine volle Bedeutung erlangen konnte.

Das mit diesen Mitteln ausgetragene Ringen um Werte führt selbstverständlich auch zu Streit und Unruhe. Diese Unruhe – weit entfernt von sogenannten demokratischen Prozessen wie Gewaltaktionen gegen Menschen und Sachen – ist das Salz in der Suppe jeglicher Entwicklung. Der Streit ist ein wohltuendes Instrument jeder Demokratie und vielleicht sogar ihr eigentliches Markenzeichen. Die – meist gewalttätige – Art, in der Diktaturen aller Schattierungen auf Streit mit Worten und auf Streitende reagieren, macht deutlich, wie weit sie in diesem entscheidenden Punkt von demokratischen Grundprinzipien entfernt sind.

Aber eine Demokratie besitzt noch ein zweites Markenzeichen: die Fähigkeit zur Einigung und zum Kompromiß. Auch hier hat das gesprochene Wort eine entscheidende Bedeutung: Entgegengesetzten oder unterschiedlichen Auffassungen, wie sie demokratischer Streit offenlegt, kann und muß der Versuch folgen, zu einem mehrheitlichen Handeln zu kommen. Konflikte zu regeln, Kompromisse zu erarbeiten und Übereinstimmung zu finden sind notwendige demokratische Verhaltensweisen. Diese Verhaltensweisen schließen die Fähigkeit zu offenen Gesprächen ein, die unseren Politikern über weite Strecken fehlt. Der Unmut – besonders unter der Jugend – über die Politiker mag darin einen seiner wichtigen Gründe haben, daß Politiker versuchen, Angriffsflächen zu vermeiden, das heißt, mit seichten Formulierungen dem Streit aus dem Wege zu gehen. Eine echte Überzeugung führt zu überzeugendem Engagement, und dieses äußert sich in der Klarheit der Aussagen und der Entschiedenheit der Ziele. Offene Worte schaden nur selten, offene Gespräche nie.

1. Sprache und Beeinflussung

Sprache ist das Medium, über das Menschen miteinander Ideen, Informationen und Meinungen austauschen. Diese landläufige – und im Prinzip auch richtige – Antwort beschreibt die Grundfunktion von Sprache. Das aber ist bei weitem nicht alles: Sprache ist auch ein wichtiges Instrument der **emotionalen Beeinflussung;** erfolgreich eingesetzt von den politischen Agitatoren unseres Jahrhunderts: Trotzki und Lenin ebenso wie Mussolini und Hitler. Sie verstanden es in verwerflicher Weise, Sprache für ihre politischen Ziele zu gebrauchen. Sie nutzten Sprache in all den Möglichkeiten, die weit über die **Ideenvermittlung,** den **Meinungsaustausch** und die **Information** hinausgehen.

„Mens agitat molem" – so ein lateinisches Sprichwort, das sich auf einer Gebäudefassade der Technischen Hochschule Aachen findet: „Der Geist bewegt die Masse." Wer es also versteht, seine Überzeugungen und Ziele in eine treffende sprachliche Form zu bringen, vermag die Menschen für sich einzunehmen.

Sicher kein leichtes Unterfangen! Wieviel bewußt angewandte Kunstfertigkeit ist nötig, eine **Sprache wirklich zu beherrschen** – nicht nur ihre grammatikalischen Regeln, ihre Vokabeln und ihre Artikulation. Sprache zu beherrschen heißt auch, ihre Zwischentöne zu verstehen und anzuwenden, sie nicht nur im erlernten Sinne wiederzugeben, sondern in ihr zu leben – sie selbst zu gestalten.

Wer damit die Chance erhält, das Bewußtsein anderer Menschen zu beeinflussen, übernimmt Verantwortung und bedarf der kritischen Reflexion, besonders über den politischen Wortschatz und Sprachgebrauch. Mehr noch: über die gewöhnlich nicht angezweifelten sprachlichen Selbst-Verständlichkeiten – gerade im Deutschland unserer Tage.

2. Verständigungsprobleme – die Mauer im Kopf

Die im Prozeß der deutschen Einigung aufgetretenen Sprachunsicherheiten und beiderseitigen Verständigungsprobleme haben sich als gravierender erwiesen als ursprünglich angenommen (Beckmann, 1993, 7 f.).

Die Gefahr des Nichtverstehens und des Mißverstehens ergibt sich weniger aus den in Ost und West während der staatlichen Zweiteilung entstandenen neuen Wortprägungen als vielmehr aus gewachsenen unterschiedlichen Sprachkonventionen. Viele gleichlautende Begriffe rufen unterschiedliche Vorstellungen, Gedanken und Gefühle wach.

Bestimmte Wörter, Formulierungen, sogar unbedeutend erscheinende Partikel (zum Beispiel **noch**) setzen bei Ostdeutschen andere Verstehenskonzepte in Gang, lösen andere Assoziationsketten aus, führen zwangsläufig zu unterschiedlichen Wahrnehmungen und Empfindungen und schließlich zu Mißverständnissen.

Die nach westdeutschem Sprachverständnis wertneutral erscheinende Bezeichnung **staatliche Organe** gehört aufgrund überwiegend unangenehmer Erfahrungen mit solchen Instanzen während der SED-Herrschaft zu den – noch – angstbeladenen stigmatisierten Begriffen.

In den neuen Bundesländern wird der zum Auffangen der Treuhand-Schulden 1995 zu bildende **Erblastenfonds** anders assoziiert als im Westen. Die Menschen beziehen den Begriff der **Erblast** auf sich persönlich, fühlen sich durch ihn belastet und geraten schnell in Rechtfertigungszwang. Er wird als Makel, als Stigma empfunden.

Der im Westen Deutschlands überwiegend positiv assoziierte **Dialog** zählt für Ostdeutsche, die sich daran erinnern, daß der **Dialog** 1989 von der SED als ein Mittel zur Machterhaltung von oben angeordnet wurde, zu den belasteten Begriffen, denen nicht so rasch unbefangen ein neuer Sachbezug zugeordnet werden kann. Angesichts der neuerdings verbreiteten Neigung zum inflationären Gebrauch dieses Modewortes erscheint gerade hier besondere Zurückhaltung angebracht.

Wer jahrzehntelang sinnentleerten Sprachschablonen ohne Realitätsbezug (zum Beispiel **volkseigen, Volksdemokratie**) ausgesetzt war, wird sich nur schwer vorstellen können, daß man über Sprache der Wahrheit näher kommen kann, daß Sprache überhaupt etwas mit Wahrheit zu tun haben könnte. Es verwundert daher nicht, daß die Entsinnlichung der Sprache durch deren amtlichen Mißbrauch zu manipulativen Zwecken bei den Betroffenen zwangsläufig zu größerer Hellhörigkeit und geringerem Vertrauen in die Sinn- und Wahrhaftigkeit der Sprache staatlicher Institutionen geführt hat. Dieses Mißtrauen wird noch durch das Gefühl genährt, im Zuge des Vereinigungsprozesses erneut „im Akkusativ gelandet" zu sein, abgewickelt, bemuttert, betreut, beschäftigt und beforscht zu werden. So mancher Bewohner des „Beitrittsgebietes" empfindet sich als Akkusativ-Objekt westdeutscher Erziehung und Bevormundung, als Opfer erneuter Transitivbehandlung durch die westliche funktionale entpersönlichte Veranlassungs-, Durchführungs- und Abwicklungssprache. Sie wird von vielen Betroffenen als verletzend empfunden.

Im weiteren Verlauf des inneren Einigungsprozesses kommt daher dem verantwortungsbewußten, reflektierten, aufbauenden, vor allem aber menschenfreundlichen Sprachverhalten eine Schlüsselrolle zu.

3. Sprache und Wertewandel

Im Zusammenhang mit dem tiefgreifenden gesellschaftlichen Wandel in den westlichen Demokratien, der Herausbildung neuer Wertprioritäten und neuer Problemwahrnehmung ist eine Veränderung des allgemeinen Sprachempfindens und Sprachbewußtseins erkennbar. Vor allem unter Jugendlichen gibt es Anzeichen einer neuen Sprachsensibilität. Seit Jahrzehnten vertraute Begriffe werden heute anders assoziiert und mit anderen Vorstellungen und Gefühlen verbunden als in früheren Jahren (Institut für Jugendforschung,1991).

Dies gilt zum Beispiel für den Begriff der **Streitkräfte.** Ihn assoziieren Jugendliche heute eher mit negativen Vorstellungen und denken dabei an „Streit schaffende Kräfte", Kräfte, die weniger der Beilegung von Konflikten dienen, sondern diese durch ihre Existenz eher heraufbeschwören. Es zeigt sich, daß ein Begriff, der keine Anhaltspunkte und Hilfestellung für eine moralisch-ethische Bewertung gibt, heute im Zweifelsfalle eher abgelehnt wird. Um akzeptiert zu werden und eine Identifikation zu ermöglichen, bedürfen Begriffe aus diesem sensitiven Bereich einer klaren ethischen Legitimierung.

Daß dies nicht so einfach und eindeutig zu leisten ist, hat in letzter Zeit der Meinungsstreit um das sogenannte Soldatenurteil des Bundesverfassungsgerichts (vom 25. August 1994) kraß verdeutlicht. Mit Billigung der Richter in Karlsruhe kann jeder ungestraft mit dem Tucholsky-Zitat Soldaten als Mörder bezeichnen. In der Güterabwägung zwischen Meinungsfreiheit und Persönlichkeitsrecht hat das Gericht dem Recht auf freie Meinungsäußerung Vorrang vor dem Ehrenschutz (des Soldaten) gegeben – ausdrücklich mit der Begründung, in der Alltagssprache sei „ein unspezifischer Gebrauch der Begriffe ‚Mord' und ‚Mörder', der nicht auf juristische Abgrenzungen abstellt, durchaus üblich. Danach kann unter ‚Mord' jede Tötung eines Menschen verstanden werden, die als ungerechtfertigt beurteilt und deshalb mißbilligt wird." Mit dieser Definition widerspricht das Verfassungsgericht einer bisher als selbstverständlich erachteten Auffassung, der Begriff „Mörder" enthalte neben „Töten" auch Bedeutungselemente wie „Heimtücke" und

„niedere Beweggründe". Man muß Verständnis für das Motiv des Bundeswehrgenerals Gerd Schultze-Rhonhof haben, sich vor seine Soldaten zu stellen, wenn er in einer Neujahrsansprache den Karlsruher Beschluß kritisiert: „Der Vergleich von Soldaten mit Mördern ist so absurd und zutiefst ehrabschneidend, wie es ein Vergleich des Bundesverfassungsgerichts mit dem Volksgerichtshof der NS-Zeit sein würde."

4. Sprache und „political correctness"

Unsere Sprache hat sich also in den letzten Jahrzehnten verändert. Dies ist sicherlich das Ergebnis der gesellschaftlichen und politischen Veränderungen in dieser Zeit. Aber umgekehrt waren Veränderungen in der Sprache auch die Voraussetzung für neue Denkweisen. Völkerverständigung ist unmöglich, solange man Menschen anderer Hautfarbe als „Neger" anspricht oder bezeichnet. In den fünfziger Jahren war dieses Wort durchaus noch üblich und in Begriffen wie „Negerküsse" und „Mohrenköpfe" noch länger im Gebrauch. Auch die Streichung des Wortes „Fräulein" aus dem offiziellen Beamtendeutsch zeigt, wie sensibel man heute auf Begriffe und ihre mögliche Wirkung reagiert. Mit dem gesellschaftlichen Wandel entstanden Worte wie „Hausmann", und es ist auch einleuchtend, daß im Beruf erfolgreiche Frauen nicht immer noch als „Innenminister", „Manager" oder „Kameramänner" bezeichnet werden wollen.

Vor allem in Amerika hat sich diese Entwicklung in den letzten Jahren noch verstärkt. Das Schlagwort hierfür ist „political correctness", kurz PC. Das Schimpfwort „Nigger" war schon durch die Bürgerrechtsbewegung in den sechziger Jahren gebannt worden, es hatte sich im allgemeinen Sprachgebrauch „black" oder „colored people" durchgesetzt. „Black" wurde auch in den eigenen Reihen angenommen wie bei den „Black Panthers" oder der „Black Power"-Bewegung. Heute ist es allerdings in intellektuellen Kreisen „political correct", von „African Americans" zu sprechen, einem Begriff, der auf die ethnische Herkunft eingeht und sich nicht mehr auf die Hautfarbe bezieht.

Auffällig daran ist, daß der neue Begriff länger und abstrakter ist und außerdem noch ein neues Paradoxon enthält: Die „afrikanischen Amerikaner" sind fast alle vor etlichen Generationen nach Amerika gekommen im Gegensatz etwa zu den meisten „Italian Americans". Andere ethnische Gruppen, die ebenso lange schon dort sind, werden längst nicht mehr nach ihrem Herkunftskontinent bezeichnet (zum Beispiel „European Americans"). Dieser „politisch korrekte" Begriff stellt also doch wieder eine Ausgrenzung dar, zudem ist er umständlicher.

Übertriebene Jagd auf Begriffe im Sinne einer politischen Moral kann also auch Stilblüten treiben. Die radikal-feministische Angewohnheit, Worte wie „jedermann" durch „jedermann/-frau" zu ersetzen, kann Sprache zu einem Hürdenlauf werden lassen. Gerade aus Amerika gab es lange Zeit noch positive Beispiele, wie eine gemäßigte „politische Ignoranz" Kommunikation vereinfachen kann. Während sich deutsche Nachrichtensprecher mit der „Union der sozialistischen Sowjetrepubliken" abmühten, sprach man im amerikanischen Fernsehen immer noch von „Russia". Da wußte auch der Farmer in Ohio auf Anhieb, wer gemeint war, selbst wenn sich Vertreter der „UdSSR" und der „CSSR" trafen oder heute über das Schicksal der „GUS-Republiken" gesprochen wird.

Eine weitere Gefahr der „politischen Korrektheit" besteht in der Schönfärberei. Daß „Putzfrauen" heute „Raumpflegerinnen" heißen, hat weder ihre Arbeitsbedingungen verändert noch ihr Ansehen verbessert. Spricht man das Wort „Raumpflegerin" mit einem süffisanten Unterton aus, wirkt es sogar diffamierend. Es reicht also nicht aus, niederen Status oder fehlende Anerkennung allein durch „Umetikettierung" von Begriffen ändern zu wollen.

Die „Politische Korrektheit" ist auch ein Beispiel dafür, wie die Auseinandersetzung mit der Sprache gesellschaftliches Denken verändern kann. Robert Hughes beschreibt in seinem Buch „Nachrichten aus dem Jammertal" (München 1994), wie sich die Durchsetzung der „political correctness" an manchen amerikanischen Universitäten auswirkt. Die Angst davor, Minderheiten oder Randgruppen zu verletzen, habe zu einer reflexartigen Ablehnung jeglichen Elitedenkens geführt. Mit der Begründung, man wolle das Selbstwertgefühl gesellschaftlich benachteiligter Studenten nicht schädigen, indem man herausragende Leistungen anderer prämiere, verliere man den Qualitätsbegriff. Auf Analyse und kritische Auseinandersetzung werde kaum noch Wert gelegt, dafür um so mehr auf persönliche Einstellung und Gefühle. Wo jedoch Gefühle und subjektive Einstellungen die Hauptbezugspunkte für jegliche Argumentation sind, bedeutet Kritik an einem Standpunkt automatisch einen Angriff auf die Person. Eine sachliche Diskussion wird somit erschwert. Es kommt immer häufiger zum „Outing" von Gefühlen und immer seltener zu einem Dialog zwischen verschiedenen Ansichten, der noch zusätzlich durch die begriffliche Verunsicherung erschwert wird.

Unter dem Deckmäntelchen der „politischen Korrektheit" läßt sich eine Sachdiskussion leicht zu einem „Streit um Worte" umfunktionieren. Man kann Sympathien beim Publikum erzielen, wenn man sich sprachlich diskreditiert zeigt und den Beleidigten spielt. Dies funktioniert besonders gut, wenn man einer Minderheit oder Außenseitergruppe angehört. In der Sache selbst wird man so jedoch nur schwerlich vorankommen.

Konsequenz: Wir sollten in einer Diskussion trotz aller Sensibilität gegenüber belasteten Begriffen möglichst nicht die Sprache selbst zum Thema machen und uns auch nicht davor scheuen, „Klartext" zu reden oder zu fordern.

II Die Diskussion

1. Die Diskussion als Bestandteil der Kommunikation

Seit Menschen miteinander diskutieren, wollen sie **informieren** und **überzeugen.** In unserer Demokratie ist die Diskussion, die Podiumsdiskussion, die Diskussion vor einer Zielgruppe, besonders in den Massenmedien, zum Bestandteil der Kommunikation geworden. Die Politiker der verschiedenen Parteien wollen die Wähler überzeugen, ihre Partei zu wählen, die Unternehmen wollen nicht nur für ihre Produkte, sondern auch für ihr unternehmerisches Selbstverständnis und die Branche werben. Die Frage danach, wie die Zukunft aussehen soll, ist ein Thema, das die unterschiedlichen gesellschaftlichen Gruppen in der Bundesrepublik durch Podiumsdiskussionen in Volkshochschulen, im Rundfunk und Fernsehen zu beantworten suchen, um dabei gleichzeitig für sich oder für die eigene Organisation zu werben.

Immer häufiger wird in unserem gesellschaftspolitischen Umfeld diskutiert. Meist fällt uns dabei auf, daß Reden gehalten oder Erklärungen abgegeben werden, deren Aussagen von den Zuhörern oft nicht oder nur kaum verstanden werden. So wirken Diskussionsbeiträge teilweise zu abstrakt oder Diskutanten selbst als „Fachidioten", die über die Köpfe der Zuhörer hinwegargumentieren. Aber auch der umgekehrte Fehler wird begangen, der darin besteht, den möglichst kleinsten gemeinsamen Nenner zu finden, der dann oft so klein ist, daß die Zuhörer gar nicht mehr erkennen können, weshalb die Diskussion überhaupt stattfindet. Immer wieder kommt es vor, daß trotz guter Argumente die „Verpackung" nicht stimmt.

Folge: Der Zuhörer kann die Argumente nicht erkennen. Oder der Gegner hat trotz schlechterer Argumente eine bessere „Verpackung" gewählt, das heißt, er weiß seine schlechteren Argumente besser zu verkaufen. Hin und wieder geraten zwei Diskutanten wie „Streithähne" aneinander und vergessen dabei, sich durch Argumente den Zuhörern mitzuteilen. Statt dessen glauben sie – was in der Regel ein sinnloses Unterfangen ist – sich gegenseitig überzeugen zu können.

2. Die Vorbereitung als argumentativer Maßstab

Die intensive Vorbereitung auf das gestellte Thema, auf die gegebene Situation oder auf das zu erreichende Ziel ist der Maßstab einer guten Argumentation. Zu einer „guten" Argumentation gehören aber nicht allein „gute Argumente", sondern die Möglichkeit, diese Argumente auch demjenigen nahezubringen, der sie aufnehmen, behalten und gegebenenfalls weiterverwenden soll.

Daß zur intensiven Vorbereitung als Grundlage natürlich die eigenen und auch die gegnerischen Argumente gehören, ist eigentlich selbstverständlich. Hier empfiehlt sich die **Aufstellung eines Katalogs,** der auf DIN-A-6-Karten geschrieben werden kann. Ein solcher Katalog kann wie folgt aussehen:

Meinung der eigenen Partei	–	Meinung der gegnerischen Partei
eigene Meinung	–	fremde Meinung
Gewerkschaftsmeinung	–	Arbeitgeberverbandsmeinung
		etc.

Unabdingbar ist es, daß „ich" einen Katalog „meiner" Argumente habe und diesem Katalog die mir bekannten gegnerischen Argumente gegenüberstelle.

Es folgen nun Hinweise, wie man sich psychologisch auf die zu führende Diskussion vorbereiten kann.

Argumentationsregeln und allgemeine Vorbereitung

– Seien Sie sich immer der Tatsache bewußt, daß Sie ein Mensch mit Lebens- und Arbeitserfahrung sind! **Haben Sie weder Angst noch falsche Hochachtung vor „dialektisch**

geschulten Kontrahenten"! Was wir oft an rhetorischer Dialektik bewundern, ist nichts weiter als eine Reihe eingeübter Tricks, mit denen man aus seiner eigenen ideologischen Weltsicht heraus argumentiert.

– **Bereiten Sie sich vor Diskussionen sorgfältig auf die Sache vor!** Bedenken Sie aber, es ist nicht die Sache allein, sondern auch die Art, wie man sie vorträgt, die den Erfolg verbürgt!

– **Bereiten Sie sich genauso auf die Personen vor,** mit denen Sie diskutieren werden! Bedenken Sie dabei, welche Interessen diese vertreten und was zu ihren Diskussionsgewohnheiten gehört!

– **Suchen Sie nicht von vornherein die Konfrontation,** aber seien Sie jederzeit für die Konfrontation gerüstet! Lassen Sie sich nicht provozieren, aber provozieren Sie selbst auch nicht!

– Ihr Kontrahent begegnet Ihnen mit einer **Erwartungshaltung.** Das heißt, er erwartet zum Beispiel von Ihnen, daß Sie heftig werden, sich entschuldigen, einer Frage ausweichen etc. Wenn Sie seiner Erwartungshaltung nicht entsprechen, dann wird er unsicher und kann sein Verhandlungs- oder Argumentationskonzept nicht durchführen.

– Lassen Sie sich nie von Ihrem Kontrahenten die Schwerpunkte der Argumentation und Diskussion aufzwingen! **Setzen Sie selbst Schwerpunkte,** besonders dort, wo Sie sicher sind!

– Unabdingbar, aber leider auch nicht immer selbstverständlich, ist die **Beobachtung der Zielgruppe:** Mit wem und mit welchen Argumenten argumentiere ich vor welchen Zuhörern? Wenn zum Beispiel Politiker zweier konkurrierender Parteien miteinander diskutieren, so tun sie dies in der Regel nicht, um sich gegenseitig zu überzeugen, sondern um die Zuhörer mit ihren Argumenten zu beeinflussen. Gemeint ist damit die Wirkung auf die Dritt- oder Zielgruppe.

In der Vorbereitungsphase sollten die Diskutanten drei Fragen beantworten können:

1. Wer ist meine Zielgruppe? Ist sie homogen, das heißt zum Beispiel, besteht sie ausschließlich aus Mitarbeitern einer Firma, die einen ungefähr gleichen Kenntnisstand haben, oder aber ist sie heterogen, das heißt, besteht sie aus Angehörigen verschiedener Bevölkerungsgruppen und Altersstrukturen?

2. Welche Kenntnisse kann ich bei einer Zielgruppe voraussetzen? Sind es zum Beispiel technische Angestellte, die mit modernen Produktionsmethoden vertraut sind?

3. Welchen Hintergrund der Bildung, Information, Erfahrung hat die Zielgruppe? (Beim Veranstalter erkunden oder selbst recherchieren.)

Je nachdem, wer einer Diskussion zuhört, müssen die Diskutanten mit Beispielen, Gegebenheiten oder Begriffen operieren, die in der Zielgruppe verstanden werden. Aus diesem Grunde sind **Zielgruppenerkenntnisse und -erfahrungen** besonders zu berücksichtigen. Hierzu einige Beispiele:

- In breiten Bevölkerungsschichten herrscht auch heute noch eine weitgehende **Unkenntnis über wirtschaftliche Zusammenhänge.** Wirtschaftliche Notwendigkeiten und Verflechtungen sind nahezu unbekannt. Produktionsarten und Produktionsweisen und deren Gegebenheiten gehen an der Erfahrungswelt der Öffentlichkeit fast spurlos vorbei. Das gleiche gilt auch in nicht unerheblichem Maße für die Meinungsbildner, wie Massenmedien, Schulen etc. Falsche Gewinnvorstellungen (Umsatz = Gewinn!) sind oft die Folge.

- Das gleiche gilt für die **technischen Zusammenhänge.** Auch hier herrscht in der Regel eine große Unkenntnis. Dies führt nicht selten zur Technikfeindlichkeit.

- Aus Unkenntnis über wirtschaftliche oder technische Zusammenhänge resultieren auch oft **unterschiedliche Begriffsdefinitionen.** So wird manchmal der gleiche Tatbestand unterschiedlich definiert (zum Beispiel: qualifizierte Mitbestimmung). Oder es werden neue Vokabeln geprägt (zum Beispiel: Arbeitsplatzvernichtung), die sich zwar „gut“ anhören, die Sache aber nicht treffen. Dies führt häufig zur Ideologisierung oder auch zum politischen Mißbrauch.

- Zudem tritt das Problem auf, daß es streng genommen **keine neutrale Informationsauswahl** gibt. So werden in der Regel nur die Publikationen gelesen, die entweder „einem nahestehen“ oder aber von dem Verband oder Verein gedruckt werden, dem man angehört. In den seltensten Fällen lesen die Bürger der Bundesrepublik Deutschland gleichzeitig sowohl das Parteiorgan der SPD „Vorwärts“ wie auch das Parteiorgan der CSU „Bayernkurier“. Dieser Umstand kann zur Manipulation der „jeweils öffentlichen Meinung“ führen.

- Wir haben in der Bundesrepublik Deutschland eine **gruppenspezifische Massenproduktion von Informationsmaterialien.** Die jeweiligen gesellschaftspolitischen Gruppen und Gruppierungen sowie Parteien produzieren massenhaft Werbebroschüren, Informationsmaterialien zur Beeinflussung in ihrem eigenen Sinne, Besprechungen, Urteilsbegründungen etc. Dies alles zu lesen, führt zu einer Orientierungsverwirrung für die nicht beruflich dazu Verpflichteten. Aus dieser **Informationsüberflutung** resultiert dann oft die **Informationsaufnahmeverweigerung.**

- An die Stelle der Kausalität (Prinzip der Verknüpfung zwischen Ursache und Wirkung) tritt in der Regel die Plausibilität als Ersatz (der Versuch, einen Tatbestand einleuchtend, glaubhaft und stichhaltig darzustellen).

Zur weiteren Vorbereitung gehört die **Beachtung des aktuellen politischen Hintergrundes.** Gemeint ist damit, warum diskutiere ich, welche Situation ist im Augenblick gegeben? Diskutiert zum Beispiel ein Luftwaffenoffizier mit Angehörigen einer Bürgerinitiative kurz vor Kommunal-, Landtags- oder Bundestagswahlen über Fluglärmprobleme? Oder nimmt ein Personalreferent in einer bestimmten gesellschaftlichen Lage an einem

Gespräch über Dienstzeitbelastungen oder Personaleinsparungen teil? Oder wird auf einer Betriebsversammlung über Informations- und Unterrichtungsrechte zur Zeit der Novellierung des Betriebsverfassungsgesetzes diskutiert? Oder diskutieren leitende Angestellte einer chemischen Fabrik auf einer Podiumsdiskussion in einer Volkshochschule nach einem Chemieunglück? All diese Hintergründe geben der Diskussion einen anderen Tenor und meist auch einen anderen Verlauf.

Große Beachtung in der Vorbereitungsphase sollten die Diskutanten auch dem **Einsatz von Hilfsmitteln** schenken: Solche Hilfsmittel sind Zahlenmaterial, Zitate des Diskussionsgegners, Ergebnisse empirischer Untersuchungen, Grundsatzpapiere und Grundsatzprogramme etc. Eine wichtige Unterlage kann zum Beispiel auch die Sozialbilanz einer Firma sein.

Zu beachten ist dabei, daß die Diskutanten sich auf das Wesentliche beschränken sollten, das heißt auf Zahlen, Daten und Zitate, die von der Zielgruppe verstanden und behalten werden können. Zu berücksichtigen ist dabei auch, daß die Hilfsmittel eindeutig einer Quelle zuzuordnen sind, entweder dem Gegner oder einem Neutralen oder der eigenen Seite. Jede Ungenauigkeit kann zum Nachteil dessen ausgelegt werden, der sie benutzt hat: seine Glaubwürdigkeit leidet. Wer in der Diskussion wissentlich die Unwahrheit sagt, der wird unglaubwürdig, auch wenn er anschließend die Wahrheit sagt.

Folgender Maßstab sollte angelegt werden: Wenige, einprägsame und ihrer Herkunft nach klar definierte Mittel genügen. So wirkt der Diskutant gut vorbereitet. In diesem Zusammenhang spielt die Zeit eine wesentliche Rolle: Wie lange ist ein geschulter Zuhörer in der Lage, einer Argumentation zu folgen? Wie lange kann das ein nichtgeschulter Zuhörer? Hierüber wird gestritten! Fest steht aber, je zügiger und verständlicher ein Diskutant seine Argumentation vorträgt, um so besser.

Der Diskussionsteilnehmer sollte prüfen, wieviel Redezeit ihm für seine Diskussionsbeiträge zur Verfügung stehen wird, er sollte die mögliche Reihenfolge seiner Diskussionsbeiträge prüfen. Er sollte unbedingt die wesentlichen Argumente an den

Anfang stellen und überlegen, ob er sich nicht besser auf **einen** Beitrag mit **einem** guten Argument beschränkt.

Viele Diskussionsveranstaltungen beginnen mit einzelnen **Statements** der Diskussionsteilnehmer auf dem Podium. Hierbei sollten Sie in der Vorbereitungsphase folgende Überlegungen anstellen: Benötigen Sie eine **Unterlage** für Ihr Statement? Natürlich brauchen Sie eine! Aber nicht mit DIN-A4-Zetteln arbeiten und zwei, drei davon in die Hand nehmen. Das gibt dann eher ein Zufächeln von heißer Luft als Erfrischung. Nehmen Sie das DIN-A5- oder DIN-A6-Format, nehmen Sie sich zwei solcher Zettel, machen Sie sich möglichst auch mit Filzstift – so daß es leserlich ist – ein paar Stichworte. Wenn Sie **Zahlen** brauchen, können Sie sich selbstverständlich einen Zettel hinlegen, auf dem die Zahlen stehen. **Zitate** müssen Sie nicht auswendig lernen. Schreiben Sie sich ein paar Zitate auf und lesen Sie sie ab. **Stichworte** sind für Ihre Gliederung wichtig: ein Stichwort, wie Sie beginnen wollen, und vor allem ein Stichwort, wie Sie enden wollen. Zu oft hören wir Statements, da sagt der Redner dann zum Schluß fünfmal, ich will nun zum Schluß kommen.

Er kommt aber nicht zum Schluß, weil er keinen hat. Die gute Eingebung, die Ihnen hilft, zum Schluß zu kommen, ist äußerst selten. Also schreiben Sie lieber ein Stichwort auf. Vielleicht wollen Sie Ihre Rede mit einem Vergleich beenden, dann schreiben Sie auf: Vergleich – und dahinter a, b, c, wenn Sie mehrere Punkte aufzählen wollen.

Was wollen Sie zu **Beginn** als „Aufhänger" einsetzen? Womit wollen Sie die Zuhörer auf Ihren Beitrag neugierig machen? Durch ein aktuelles Beispiel, durch einen witzigen Vergleich oder durch eine Neuigkeit? Schreiben Sie es sich auf, das erleichtert Ihnen den Einstieg und erspart Ihnen Lampenfieber, es macht Sie sicherer. In den ersten ein, zwei Minuten werden Sie immer aufgeregt sein, das ist natürlich. Wer nach vorn kommt und gleich anfängt zu reden, der ist ein Routinier. Nur – diese Routine ist nicht unbedingt immer gefragt, eine lebendige Aussage ist besser! Stichworte sind also wichtig. Sprechen Sie auch eher langsam als zu schnell.

Eine systematische Vorbereitung endet dann mit einem sogenannten **„Coaching zum Meinungsvortrag“.** Hierbei werden folgende Fragen beantwortet, um sie später zielgruppengerecht diskutieren zu können:

1. Wie heißt das Thema, und was steckt dahinter?
2. Wie lautet meine Meinung?
3. Wie – glaube ich – ist die Meinung meiner Zielgruppe zu diesem Thema?
4. Welches Ziel habe ich?
5. Wie will ich dieses Ziel erreichen?
6. Welche Aufforderung soll ich an die Zielgruppe richten?

Technische Vorbereitungen

Sinn einer Diskussion ist es, daß Sie Diskussionsteilnehmer informieren und überzeugen können. Um dieses Ziel zu erreichen, ist neben einer intensiven inhaltlichen auch die optimale technische Vorbereitung zu beachten. Hierzu einige Regeln:

1. Prüfen Sie genau den Inhalt des Einladungsschreibens: Hieraus muß für Sie deutlich hervorgehen, über welches Thema diskutiert werden soll. Jegliche Ungenauigkeit oder Globalisierung eines Themas erschwert die inhaltliche Vorbereitung. Sprechen Sie lieber vorher noch einmal genau mit dem Veranstalter ab, wie das Thema lauten soll und welche Inhalte sich dahinter verbergen. Diese Absprache sollten Sie schriftlich treffen.

2. Aus dem Einladungsschreiben muß auch eindeutig hervorgehen, wer Ihre **Mitdiskutanten** sind: also Namen, die Herkunft und die Funktionen der Diskussionsteilnehmer. Nur so können Sie sich auch optimal auf Ihre „Mitstreiter“ einstellen. Sie können erkennen, wer Ihre potentiellen Bündnispartner sind und wo sich der Gegner befindet. Sie können das „Niveau“ der Diskussion besser einschätzen. Sie sind in der Lage, Erkundigungen über Ihre Mitdiskutanten einzuholen. Sie können in Ihrer inhaltlichen Vorberei-

tung schon These und Antithese formulieren. Zitate und Fakten können schon als Diskussionsunterlage bereitgestellt werden.

3. Aus dem Einladungsschreiben muß auch hervorgehen, wer die Zuhörer sind und wo die Diskussion stattfindet. Natürlich gehört auch dazu die zeitliche Angabe. Aus diesen Angaben können Sie erkennen, wer die **Drittgruppe** ist. Für diese diskutieren Sie ja eigentlich. Jegliche ungenauen Angaben im Einladungsschreiben bringen Sie in eine schlechtere **Diskussionsposition.**

4. **Treffen Sie rechtzeitig** am Veranstaltungsort **ein.** Noch gerade rechtzeitig einzutreffen bedeutet eine schlechte Ausgangsposition. Sie sind während der Hinfahrt zu sehr mit dem Gedanken beschäftigt, noch rechtzeitig einzutreffen, anstatt sich noch einmal mit Argumenten zu beschäftigen. Ihr ausgeruhter Mitdiskutant hat jetzt erhebliche Vorteile. Eine halbe Stunde vor Beginn der Veranstaltung sich zu „akklimatisieren", ist der optimale Zeitraum vor dem Einstieg. Sie kommen zur Ruhe und können Gedanken fassen.

5. Wenn Sie rechtzeitig eingetroffen sind, machen Sie sich mit den **örtlichen Gegebenheiten vertraut:** Dazu gehört zunächst einmal die **Raumgröße.** Sie können zum Beispiel an der Sitzordnung und der Bestuhlung feststellen, wieviel Zuhörer erwartet werden. Das Diskutieren vor zehn bis zwanzig Zuhörern gestaltet sich meist anders als vor 50, 100 oder 200 Zuhörern. Je kleiner der Zuhörerkreis ist, desto eher kommen Wortmeldungen aus dem Plenum. Die Sitzordnung (Abbildung, Seite 24 f.) macht Sie mit der Atmosphäre des Saales vertraut. Sie können sich in aller Ruhe mit dieser Größenordnung vertraut machen.

6. Jetzt schauen Sie sich einmal die **Sitzordnung der Diskussionsteilnehmer** an. Wo werden Sie gleich sitzen? Gehen Sie dort hin und machen sich mit dem Bild „von oben" vertraut. Sie haben jetzt eine konkretere Ahnung, wie es gleich aussehen wird. Sie können schon Überlegungen

anstellen, wo Sie „am liebsten sitzen möchten". Die Bitte nach einem solchen Platz können Sie dann in dem gleich beginnenden Vorgespräch mit dem Diskussionsleiter vortragen.

7. Sie sollten die Zeit vor Beginn der Diskussion nutzen, mit anwesenden Personen zu reden. Dadurch besteht die Möglichkeit, sich **warmzureden.** Der „Kloß" im Hals verschwindet. Die Themen solcher Gespräche können das Wetter, der Ort der Veranstaltung oder auch sonst allgemeine Themen sein. Es ist gar nicht so wünschenswert, sich bei diesen Gesprächen schon mit Anwesenden fachlich auseinanderzusetzen. Sinn solcher Gespräche ist lediglich das „Ins-Reden-Kommen".

8. Bis jetzt haben Sie eine optimale technische Vorbereitung durchgeführt: Sie sind sehr zeitig erschienen, haben sich mit der Atmosphäre vertraut gemacht, haben schon einmal dort gestanden oder gesessen, wo Sie gleich diskutieren werden und durch allgemeine Unterhaltung ist Ihr Kloß aus dem Hals verschwunden. Es kann nun gleich beginnen.

9. Vor Beginn einer Diskussion müssen Sie unbedingt mit dem Diskussionsleiter und den Mitdiskutanten ein **Vorgespräch** geführt haben. Hier muß unter allen Umständen geklärt werden, wie der Diskussionseinstieg erfolgen soll. Dazu gehört zunächst einmal die Themeneinführung seitens des Diskussionsleiters sowie die Vorstellung der Diskussionsteilnehmer. Sie müssen darauf achten, daß Sie richtig vorgestellt werden, das heißt: Name, Herkunft und Funktion. Nur so können die Zuhörer sich ein Bild von Ihrer fachlichen Kompetenz machen. Sollte der Diskussionsleiter eine solche Vorstellung nicht vornehmen, so müssen Sie dies in Ihrem Eingangsstatement nachholen. Ihre Glaubwürdigkeit steigt mit der Akzeptanz Ihrer Kompetenz.

   Ebenso wichtig ist die Festlegung der Reihenfolge der Redebeiträge in der ersten Diskussionrunde: Wer beginnt mit dem ersten Statement, wer folgt darauf, und wer schließt die Runde? Wird dies nach dem Alphabet geregelt? Oder will der Diskussionsleiter andere Kriterien der Reihenfolge wählen? Unter Umständen müssen Sie sich jetzt schon Gedanken über einen anderen „Aufhänger" Ihres ersten Statements machen.

Wichtig ist auch die Mitwirkung des Plenums, das heißt der Zuschauer. Sollen sie in die Diskussion einbezogen werden? Oder soll die Diskussion nur am Podium stattfinden? Wird eine Rednerliste geführt? Wie ist die Art der Wortmeldung?

Alle diese Dinge bedürfen der Klärung, sonst wird zu vieles dem Zufall überlassen bleiben. Sie können bei diesem Vorgespräch eigene Vorstellungen vortragen. Sie können bitten, daß Spielregeln festgelegt werden. Sie können noch im Vorfeld der Diskussion Einfluß nehmen auf Art und Weise sowie Struktur der Diskussion. Alle diese Möglichkeiten dürfen nicht ungenutzt bleiben.

10. Bei diesen Überlegungen ist es günstig, wenn Sie das Thema in sogenannte Highlights unterteilt haben. Diese Hauptgliederungspunkte sollten Sie auf DIN-A-6-Kärtchen notieren und mit Argumenten versehen. Auf diesen Kärtchen können Pro- und Contra-Aussagen stehen sowie auch Statistiken und Zitate. Sie sind nun in der Lage, durch „Mischen" dieser Karten sich dem Gang der Diskussion optimal anzupassen. Sie wissen ja nicht, ob Sie als Erster, Zweiter oder Dritter ein Statement abgeben. Auch wissen Sie nicht, ob Ihre Argumentationskette so, wie Sie sie in Ihrem Büro aufgebaut haben, auch jetzt noch vorgetragen werden kann.

11. Empfehlenswert ist es, nicht allein zur Diskussion zu kommen. Bringen Sie Kollegen, Gleichgesinnte aus Parteien und Verbänden oder Freunde mit. Sie können Ihnen manche Frage aus dem Plenum stellen, die Sie „gebrauchen können". Sie können unter Umständen auch auf den Diskussionsleiter hinwirken, faire Spielregeln zu akzeptieren. Sie können anschließend mit ihnen besprechen, was gut und was schlecht gelaufen ist.

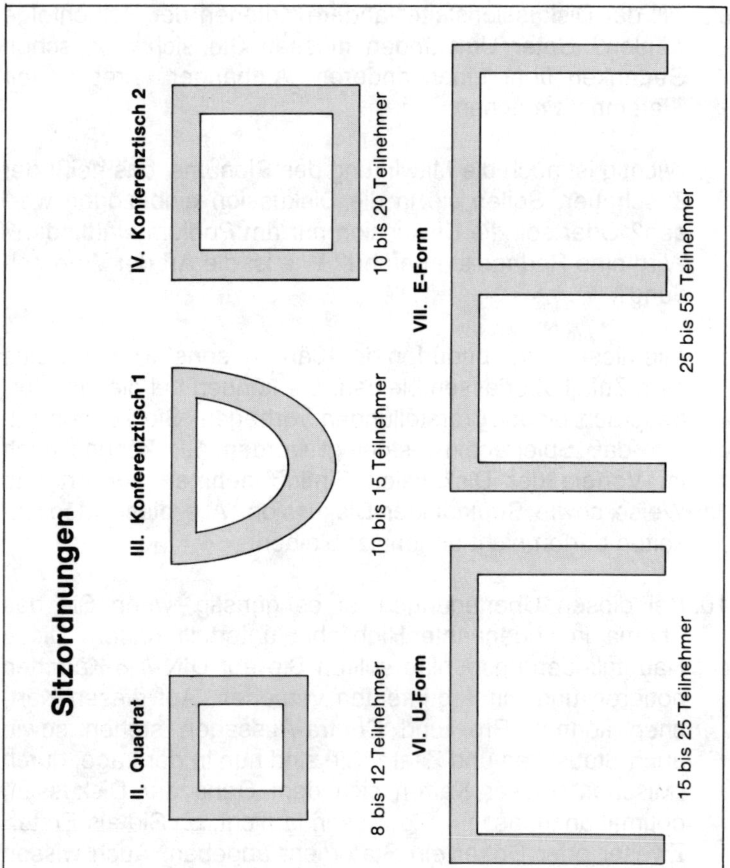

Sitzordnungen
I. Runder Tisch
4 bis 8 Teilnehmer
II. Quadrat
8 bis 12 Teilnehmer
III. Konferenztisch 1
10 bis 15 Teilnehmer
IV. Konferenztisch 2
10 bis 20 Teilnehmer
V. Oval
10 bis 20 Teilnehmer
VI. U-Form
15 bis 25 Teilnehmer
VII. E-Form
25 bis 55 Teilnehmer

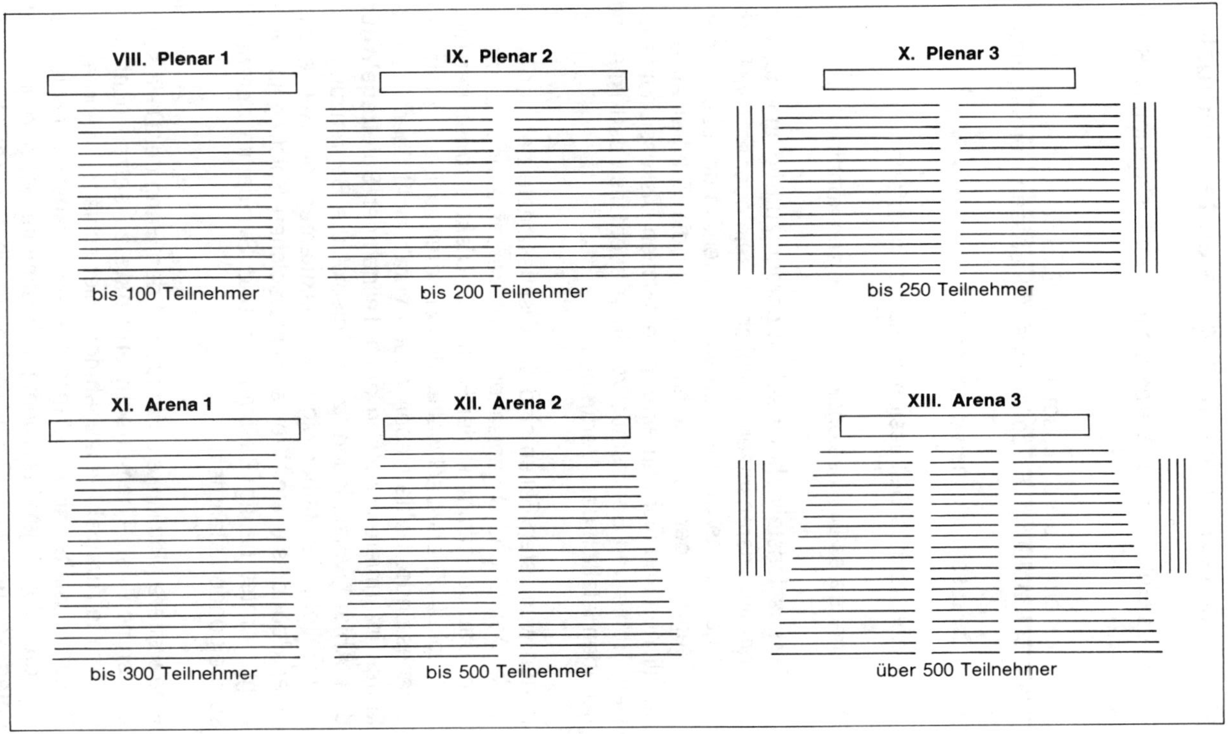
VIII. Plenar 1
bis 100 Teilnehmer
IX. Plenar 2
bis 200 Teilnehmer
X. Plenar 3
bis 250 Teilnehmer
XI. Arena 1
bis 300 Teilnehmer
XII. Arena 2
bis 500 Teilnehmer
XIII. Arena 3
über 500 Teilnehmer

3. Der Diskussionseinstieg als erster Eindruck

Oberstes Gebot für das Verhalten in einer Diskussion ist **Sachlichkeit.**

Eine wesentliche Voraussetzung für Sachlichkeit ist ein faires **Diskussionsklima:** Es sollte alles unterlassen werden, was

1. ein Diskussionsklima verschlechtert,

2. ein gespanntes Diskussionsklima verschärft und

3. ein neutrales Diskussionsklima anheizen könnte.

Die Diskussionsteilnehmer sollten gerade zu Beginn einer Diskussion alles daransetzen, sachlich zu sein oder eine vielleicht schon gespannte Situation zu entschärfen. In der überwiegenden Mehrheit der Veranstaltungen sind die Zuhörer an einer sachlichen und nicht an einer polemischen Diskussion interessiert. Ironie und Sarkasmus vergiften ebenfalls das Klima und schaden letztlich dem Verursacher.

In den wenigsten Fällen sind die Diskussionsteilnehmer in der Lage, Ablauf und Organisation einer Veranstaltung zu bestimmen. Das übernimmt in der Regel der **Diskussionsleiter** (siehe Kapitel III) als Sachwalter der Zuhörer zu Beginn der Gesprächsrunde. Sollte dieser jedoch vorab nicht über das Verfahren informieren, können auch Teilnehmer **Spielregeln für den Ablauf** vorschlagen, zum Beispiel die Begrenzung von Redezeiten, die Reihenfolge der Diskutanten, die Aufstellung einer Rednerliste etc. Wer sich mit solchen Spielregeln „vorwagt", erntet häufig Zustimmung und Sympathie der meist schweigenden Mehrheit.

Eine weitere Möglichkeit, Einfluß auf den Gang der Diskussion zu nehmen, ist, **Themenschwerpunkte** zu setzen oder eine bestimmte **Auswahl** vorzunehmen. Hier schlägt – wenn es der Diskussionsleiter nicht getan hat – ein Diskussionsteilnehmer vor, das global gefaßte Thema in bestimmte Schwerpunkte zu unterteilen und diese Schwerpunkte in einer gewissen Reihenfolge abzuhandeln. Der Diskussionsteilnehmer ist somit auch in der Lage, zu Beginn einer Diskussion eine genauere Definition des Themas vorzunehmen und damit eine Brücke zum Zuhörer zu bauen. Er erleichtert es dem Zuhörer, ein oft sehr global gefaßtes Thema besser zu übersehen und somit dem Gang der Diskussion leichter zu folgen.

Hier ein Beispiel: Der Diskussionsabend in einer Volkshochschule der Stadt X steht unter dem Globalthema: „Ökologie statt Ökonomie"! Ein Diskussionsteilnehmer erklärt zunächst einmal die beiden Begriffe „Ökologie" und „Ökonomie" und schlägt dann vor, folgende Frage zu behandeln: „Verträgt sich Umweltschutz mit Wirtschaftswachstum?"

Eine weitere Möglichkeit, Einfluß auf den Gang der Diskussion zu nehmen, sind die **Geschäftsordnungsanträge.** So zum Beispiel die Vertagung eines Tagungsordnungspunktes auf einen anderen Zeitpunkt im Laufe der Diskussion.

Gemeint ist hiermit, daß ein Tagesordnungspunkt sinnvollerweise noch nicht jetzt, sondern erst nach Kenntnisnahme anderer Diskussionsbeiträge behandelt werden sollte. Man bietet hiermit dem Zuhörer die Möglichkeit, den Hintergrund klarer zu erkennen oder einem logischen Gedankenaufbau besser folgen zu können.

Eine weitere Möglichkeit ist die **Aussetzung** eines Tagungsordnungspunktes: Wenn zum Beispiel eine Diskussion über zu lange Zeit nicht mehr sinnvoll weitergeführt werden kann, besteht die Möglichkeit, diesen Tagesordnungspunkt auszusetzen, um ihn vielleicht bei einer anderen Diskussion wieder aufzugreifen. Es kann natürlich auch beschlossen werden, ein Thema überhaupt nicht weiter zu behandeln.

4. Die Taktik des „Einzelkämpfers"

Nach der Vorbereitungsphase und dem ersten Diskussionseinstieg, zum Beispiel der Vorstellung der Diskussionsteilnehmer, der Spielregeln, der ersten Statements, sollte zunächst einmal der Versuch unternommen werden, eine **erste Beurteilung** der Mitdiskutanten vorzunehmen: Kann ich in dieser Phase oder aufgrund meiner Vorbereitung schon erkennen, wie das „wahre Gesicht“ meines Gegners ist, welche Absichten er hegt, welche Taktiken er anzubringen versucht und wie er auf die Zuhörer „wirkt“; sympathisch oder unsympathisch, ist er bekannt oder unbekannt, wirkt er glaubwürdig oder nicht, hat er Humor oder ist er humorlos; sind die Argumente der Gruppe, aus der Ihr Gegner kommt, bei der Zielgruppe bekannt oder unbekannt, hat er allein schon aufgrund der Gruppenmitgliedschaft (Gewerkschaft oder bestimmte Partei) bei den Zuhörern Sympathien, über die Sie nicht verfügen, etc.

Nach dieser ersten **„Lagebeurteilung“** sollten Sie nun Ihr eigenes taktisches Vorgehen beschließen: Oberstes Gebot ist dabei, die Sympathien der Zielgruppe oder aber wenigstens Verständnis bei den Zuhörern zu gewinnen.

Deshalb stellt sich für Sie die Frage: Will ich genauso gut ankommen oder kann ich noch besser sein? Will ich mich meinem Gegner anpassen oder mich von ihm abheben? Hier sollten Sie versuchen abzuschätzen, ob Sie überhaupt in der Lage sind, sich Ihrem Gegner anzupassen: So kann Ihr Diskussionspartner vielleicht ein sehr humorvoller Mensch sein und Sie sind es vielleicht nicht. Es wäre verhängnisvoll, wenn Sie der einzige wären, der über Ihren Witz lacht.

Nach dieser ersten Beurteilungsphase entscheiden Sie, welchen **taktischen Argumentationsplan** Sie wählen werden, zum Beispiel: Wollen Sie eine offensive oder defensive Argumentation führen? Derjenige, der die Offensivtaktik beherrscht, gewinnt in der Regel mehr Pluspunkte als derjenige, der sich mehr defensiv verhält. Derjenige, der offensiv ist, kann eine Diskussion bedeutend stärker beeinflussen als der Defensive. Er signalisiert seinen Zuhörern sein eigenes Engagement und damit auch seine Glaubwürdigkeit.

Die nächste Entscheidung lautet: entweder **Eigenlegitimations- oder Autoritäts- und Zitationstaktik.** Eigenlegitimation heißt, ich bin der Fachmann, ich komme aus dem Bereich, ich kenne die Gegebenheiten, ich weiß, worum es geht. So wenn zum Beispiel der Diplomingenieur einer Maschinenfabrik über Heizkessel und deren Sicherheit spricht oder wenn ein Industriemeister über Mitarbeiterführung diskutiert oder wenn der Betriebsratsvorsitzende über das Betriebsverfassungsgesetz und dessen praktische Anwendung berichtet.

Die Autoritäts- und Zitationstechnik besteht demgegenüber darin, daß man statt der eigenen Argumente und Erfahrungen oder in Ergänzung eigener Argumente bedeutende Persönlichkeiten, Institutionen, Massenmedien oder andere Quellen, die vom Zuhörer als Autoritäten respektiert werden, meist in Form von Zitaten für sich sprechen läßt. Beispiel: „Der Friedensnobelpreisträger, Herr X, hat einmal gesagt . . ." Eine unfaire, polemische Praxis ist es, diese Technik umzukehren: statt positiver Leitbilder negative (Schreckens-)Bilder mit dem gegnerischen Standpunkt in Verbindung zu bringen, um den Gegner zu disqualifizieren, zu diffamieren und das Publikum von ihm zu lösen. Diese Praxis disqualifiziert letztlich den Anwender selbst und verdirbt die politisch-rhetorische Kultur.

Eine weitere Möglichkeit ist, sich für eine sogenannte **Realismus- oder Gefühlsappelltaktik** zu entscheiden. Hier werden sämtliche Aussagen auf die Ebene der Emotionen oder Vorurteile verlagert. Die besondere Wirkung dieser Taktik besteht darin, daß man beim Publikum bestehende Wertvorstellungen anspricht, sich mit ihnen solidarisch erklärt und sie mit Aussagen verknüpft, die im eigenen Interesse liegen.

Der Realist allerdings läßt sich nicht von Emotionen bewegen. Er gilt als nüchtern, oft als „kalt", aber er ist auch derjenige, der in bestimmten Diskussionspunkten wieder auf die Ebene des Realen zurückführen kann. Er trägt zur Versachlichung der Diskussion ebenso bei, wie er einer hitzigen Diskussion die Basis einer unguten Emotionalität entzieht.

Hieran lehnt sich sehr eng die sogenannte **Cowboy-Methode** an: Sie bedeutet, der Diskussionsteilnehmer setzt sich an die Spitze der im Augenblick herrschenden Meinung, befürwortet sie, versucht weitere Gegebenheiten zu finden, um sie dann langsam im Zuge der Diskussion in eine andere – die eigene – Richtung umzulenken.

Eng mit dieser Methode ist die **Band-waggon-Taktik oder Isolierungstaktik** verbunden. Die Band-waggon-Taktik ist ein Verfahren, bei dem die Ansichten einer Mehrheit oder einer angesehenen Minderheit als – tatsächliche oder fingierte – Leitansichten hingestellt werden. Die Wirkung eines solchen Vorgehens beruht auf der Tatsache, daß man die Zuhörer, wenn sie sich diesen Vorstellungen nicht anschließen, in eine Außenseiterposition drängt. Sie sollen also auf den „Musikwagen" (englisch band-waggon) springen, auf dem die „Prominenz" bereits Platz genommen hat. Einige stereotype Formulierungen, die in diesem Zusammenhang verwendet werden, sind: alle Welt, jeder vernünftige Mensch, das Ausland, das deutsche Volk, die Werktätigen in der Bundesrepublik, die Soldaten, die deutsche Jugend, die deutschen Studenten etc. Beispiel: „Alle friedliebenden Völker bemühen sich um die Abrüstung, nur die XYZ wollen Atomwaffen." Eine Variante ist die **Isolierungstaktik:** Ohne deutlichen Bezug auf eine bestimmte Gruppe oder Minderheit wird eine Person oder Gruppe, die bestimmte Ansichten vertritt, als Außenseiter hingestellt. Beispiel: „Nur wenige unverbesserliche Unternehmer meinen, die 35-Stunden-Woche bei vollem Lohnausgleich würde nicht zu mehr Arbeitsplätzen führen."

Eine weitere Möglichkeit ist die Anwendung der **Vergleichs- oder Kehrseitentaktik.** Durch Vergleiche werden Diskussionsbeiträge konkret, eindringlich und, wenn sie witzig sind, nicht so schnell vergessen. Wichtig ist immer, daß der Vergleich auch stimmt; hinkt er, so wird er sehr leicht zum Bumerang für den, der ihn anführt.

Es kommt auch oft vor, daß der Gegner zwar eine gut aufgebaute Beweisführung bietet, daß sie aber lückenhaft ist, vor allem dann, wenn sie nur Vor- oder Nachteile zum Gegenstand hat. Selten spricht alles für oder gegen eine Sache. Die Kehrseiten- oder „Ja-aber"-Taktik anwenden heißt, dem Gegner erst ruhig zuzustimmen, dann aber die andere, falsche oder lückenhafte Seite seiner Argumentation aufzudecken. Beispiel: „Was Sie da an Vorteilen aufzählen, mag alles richtig sein. Sie vergessen aber die vielen Nachteile zu erwähnen, nämlich . . .“

Eine weitere – allerdings unfaire – Möglichkeit ist die **Ad-personam-Taktik:** Der Diskussionsgegner greift nicht die Sache an, sondern den, der sie vertritt. Sachliche Argumente werden durch persönliche Attacken, Diffamierungen, vielleicht auch durch sachliche Richtigstellungen, die aber in der Person des Diskussionsgegners liegen, ersetzt. Der andere wird verdächtigt, sein guter Wille wird bestritten, es werden ihm fehlende Sachkenntnis, mangelnde Glaubwürdigkeit vorgeworfen. Man unterstellt ihm niedere Motive und weist ihm Ideologiehörigkeit, Machthunger, persönliche Bereicherung, Gruppeninteresse etc. nach. Oft schreckt man noch nicht einmal davor zurück, den anderen lächerlich zu machen und ihn grob zu beleidigen. Beispiel: „Sie haben schon recht, daß dem Umweltschutz mehr Beachtung geschenkt werden soll, aber gerade Sie haben es nötig, weil Sie . . .“

Offensive – Attacke – Selbständigkeit: Stellen Sie in einem Gespräch die Weichen so, daß sie den Gegner auf Ihr eigentliches Spezialgebiet locken. Für die Zuhörer muß der damit verbundene Themenwechsel schlüssig und nachvollziehbar sein. Gelingt Ihnen dies nicht, so stehen Sie als der Unsachliche da oder gelten als unsicher.

Ist das Gespräch festgefahren und die Gemengelage der Argumente und angesprochenen Aspekte unübersichtlich, wird Ihnen jedes Publikum dankbar sein, wenn Sie sich und damit die Diskussion „aus dem Gestrüpp“ lösen und auf das eigentliche Thema zurückführen: „Ich glaube, es hat wenig Sinn, so weiterzumachen wie bisher. Fest steht jedoch, daß . . .“ oder „Es kommt doch vielmehr darauf an, ob . . .“ Das sind befreiende Neuansätze, die besonders gerne aufgegriffen werden, wenn sie gut begründet sind.

Sie sollten allerdings darauf achten, wem Sie mit diesem Verhalten einen Gefallen tun. Ist das „Gestrüpp“ so dicht, daß der

Gegner sich darin verbergen kann, ist ein solches Lichten immer angezeigt. Bietet es Ihnen aber Schutz, dann sollten Sie es möglichst unauffällig weiter ranken lassen.

In diesem Zusammenhang sei darauf hingewiesen, daß ein bescheidenes Redeziel nicht nur weniger Energie kostet und leichteren Erfolg bringt, sondern auch eine Gewähr dafür bietet, daß **überhaupt** eine Meinungsänderung einsetzt.

Beispiel:

Wenn sie klarmachen wollen, daß wir in Zukunft nicht mehr so viele Ansprüche an den Staat stellen dürfen, versteifen Sie sich also nicht auf die These, daß wir in Zukunft eben auf Kindergeld, Wohngeld und Arbeitslosenversicherung verzichten müssen, sondern beschränken Sie sich einstweilen auf den Appell, die staatlichen Leistungen kritisch zu prüfen.

Ganz wichtig: Beachten Sie Ihre **Glaubwürdigkeit!** Steht Ihre Aussage im Einklang mit der Ihnen zugebilligten Autorität? Ein 20jähriger wird sich schwertun, wenn er vor einem Seniorenkreis einen Vortrag über das „Dritte Reich" hält. Ebenso würde eine weibliche Entwicklungshelferin auf Widerstände stoßen, wollte sie in einem islamisch geprägten Staat Dorfälteste von den Vorteilen der Familienplanung überzeugen.

Mit anderen Worten: Sorgen Sie dafür, daß Sie nicht vor dem falschen Publikum als der falsche Diskutant das falsche Thema ansprechen. Es mag Ihnen zwar dann immer noch gelingen, dank Zungenfertigkeit oder Ungerührtheit Ihre Position formal zu behaupten, nur überzeugen würden Sie niemanden! Wenn Sie also nicht kraft Amtes oder einer bestimmten Position als kompetent ausgewiesen sind, überlegen Sie sehr genau, ob ein Wortbeitrag zu einem bestimmten Thema angebracht ist, dessen Behandlung solide Erfahrung oder eine anerkannte Position voraussetzt.

Manchmal kann es hier hilfreich sein, gleich in den ersten Worten den eigenen Bezug zum Thema darzustellen. Aber bitte nicht übertreiben. Nichts wirkt lächerlicher als Aufschneiden, das wie im folgenden Beispiel entlarvt wird: Ein schon bejahrter Referent spricht vor einer politischen Jugendgruppe. Um seine Verbundenheit zum Publikum darzulegen, führt der schon grauhaarige Redner aus, auch er habe in seiner Jugendzeit demselben Verband angehört. Woraufhin prompt die boshafte Frage kommt, ob es die Organisation denn schon vor der Jahrhundertwende gegeben habe!

Eine wichtige Rolle in der Gesprächs- und Diskussionsführung spielt die Kunst des **Fragens.** Es ist offensichtlich und wird doch immer wieder übersehen:

> Wer fragt, bestimmt!
> Wer fragt, greift an!
> Wer fragt, behauptet!
> Wer fragt, führt!

Diese Regeln vergißt leicht, wer es unterläßt, im Gesprächsverlauf die richtigen Fragen an sein Gegenüber zu richten. Noch schlimmer ist es aber, wenn man sich selber eine Frage stellt und sich damit auf ein Terrain begibt, auf dem der Gegner dominiert (Eigentor).

Fragetaktik

Stellen Sie eine präzise Frage und nicht eine ganze Kette! So zwingen Sie Ihren Gesprächspartner zu einer eindeutigen Aussage; Sie können nachsetzen, verschärfen und wiederholen. Eine Frageserie hingegen läßt dem anderen die Möglichkeit, zwischen den Antworten zu springen, sich ausführlich auf ihm genehme Sachgebiete zu stürzen und unangenehme auszusparen. Hier beschränken Sie sich selbst in der Möglichkeit präzisen Nachfassens.

Problematisch sind **geschlossene Fragen,** die nur mit „Ja" oder „Nein" zu beantworten sind. Sie sind dann angebracht, wenn Sie auf einer eindeutigen Antwort bestehen, deren Inhalt Sie quasi unterschriftsreif vorgelegt haben. Wollen Sie aber Ihrem Gesprächspartner die Möglichkeit geben, eigene Überlegungen, Motive und Ziele darzulegen, müssen Sie Ihre Frage offen gestalten. Umgekehrt ist eine „geschlossene Frage“ auch dann am Platz, wenn Sie Ihr Gegenüber bewußt zu einem mühevollen Argumentieren zwingen wollen. So werden Versicherungsvertreter in ihren Schulungen darauf hingewiesen, nie eine mit „Ja“ oder „Nein“ zu beantwortende Frage zu stellen.

Also nicht: „Haben Sie Interesse an einem Beratungsgespräch?“

Sondern: „Wann können wir uns denn einmal zu einem unverbindlichen Gespräch zusammensetzen?“

Fragen mit W-Fragewörtern am Anfang können nicht mit Ja oder Nein beantwortet werden (was, wer, wie, wo, wozu . . .).

Der eigentlich unwillige Angesprochene muß sich nun erst einmal aus der Frage lösen und seine Ablehnung in einen kompletten Satz einbetten, was – wie man weiß – oft genug mißlingt.

Fragen enthalten manchmal eine **verpackte Behauptung.**

Beispiel: „Herr Bundeskanzler, was gedenken Sie gegen die Staatsverschuldung zu tun?“ Der kluge Kanzler würde antworten: „Wir haben heute eine der niedrigsten Inflationsraten der Welt. Unter Problem ist zur Zeit die Arbeitslosigkeit. Ihre Frage stellt sich im Moment gar nicht . . .“

Oder wählen wir ein **Beispiel** aus der Semantik:

„Was können wir gegen den zunehmend hohen Unternehmerprofit tun?“ Ganz offensichtlich ist hier mehr Botschaft vorgegeben als Antwort verlangt. Wer sich auf diese Fragestellung einläßt, ohne sofort die Berechtigung und die Begriffsdefinition der Frage selbst anzugreifen, sitzt bereits in der – semantischen – Falle.

Schließen Sie die Beantwortung einer Frage mit einer **eigenen Offensive** ab: durch Rückfragen, neue Ansätze und Behauptungen. So kommen Sie wieder ins Spiel und erlangen Bewegungsfreiheit.

Produktive Fragen sind positive Ansätze, die in jeder Diskussion wichtig sind. Fragen, die einem Entfaltungsmöglichkeiten bieten, sind eine hervorragende Chance für den Diskutanten und auch, um dem Zuhörer zu neuen Erkenntnissen zu verhelfen.

Anderen Charakter haben **Fang- oder Kontrollfragen:**

„Sie sind doch auch der Auffassung, daß . . .?" Solche Fragen sind suggestiv und verlangen weniger eine Antwort als ein zustimmendes Bekenntnis zu der Meinung des Fragenden.

Zweifelnde Fragen – Der Zweifel ist eine Frage ohne Behauptung und daher ein hervorragendes Mittel der defensiven Taktik.

Beispiel: „Was müssen wir tun, um die Gefahren von der Bundesrepublik abzuwehren?", so die Behauptungsfrage; die zweifelnde Frage hingegen: „Haben wir schon genügend getan, um unsere äußere und innere Sicherheit zu gewährleisten?"

Der erste Fragesteller hat seine Behauptung von der Bedrohungslage Deutschlands gegebenenfalls zu belegen. Der zweite Fragesteller hat die Beweisführung voll auf den Befragten abgewälzt, denn er hat ja nichts behauptet.

Richtig eingesetzt, ist der Zweifel eine gefährliche Waffe: Er verunsichert, steckt an und zwingt den so Angegriffenen, Aussagen immer wieder neu belegen zu müssen, ohne letztlich wirklich überzeugen zu können.

Schließlich ein Blick in die Kiste **unlauterer Fragetricks.** Nicht, um Ihnen zur Anwendung zu raten. Aber Sie sollten sie kennen und sie rechtzeitig erkennen können, um ihnen Paroli zu bieten oder sie zu entlarven.

Da ist zunächst einmal der Kniff der **falschen Alternativen** – etwa: „Lieber Inflation als Arbeitslosigkeit". Solange es – wie in diesem Fall – eine vernünftige dritte Alternative gibt, sollten Sie die vorgegebene Denkschiene sofort verlassen und die Unredlichkeit der Taktik brandmarken! Achten Sie darauf, daß dieses Verfahren „falscher Alternativen“ sich meist weniger deutlich zu erkennen gibt als im oben angeführten plastischen Beispiel.

Beliebt ist auch die manipulative Fragemethode der **„Ja-Straße“.** Man stelle dem Betragten eine Anzahl von Fragen, die er aus vollem Herzen bejahen kann oder zwangsläufig bejahen muß. Dann lege man ihm die **eigentlich wichtige** Frage vor, zu der man eine zustimmende Antwort benötigt. Vielfach ist der Befragte durch die vorangegangenen „Jas“ so auf die Schiene gesetzt, daß ihm ein Kurswechsel, also ein schlichtes „Nein“ überaus schwerfällt.

Semantische Fallen: Der Kampf um politische Begriffe – um ihre Semantik (Lehre von der Bedeutung der Wörter) – kann unauffälliger und trotzdem nicht weniger wirkungsvoll geführt werden. Belegt das oben zitierte Beispiel das Streben, der geistigen Elite eine Metasprache zu schaffen, die sowohl den Eindruck von Wissenschaftlichkeit vermittelt als auch das Denken im gewünschten Sinne kanalisiert, so werden „semantische Fallen“ auch für den Bürger ausgehoben.

Was heißt das konkret?

Nach Günter Schmölders sind semantische Fallen unvermutet auftretende Wortbedeutungen, die durch plausibel klingende Neuschöpfungen (etwa: Solidaritätszuschlag) oder durch Umetikettierung altvertrauter Worte (etwa: Vorlesungsstreik) entstehen und in die der ahnungslose Politiker, Leser und Wähler leicht hineintappt (Schmölders, 1979, 62 ff.).

Zunächst gibt es da die Falle der **plumpen Anbiederung,** wie sie mit der Anrede „Liebe Kollegen“ (der Chef vor seinen Mitarbeitern) verwendet wird. Durch einen scheinbar freundlichen Sprachgebrauch soll die Kritikfähigkeit des Angesprochenen gesenkt werden; dann gibt es die **emotionale Aufladung** altgewohnter Begriffe wie zum Beispiel Frieden. Bedeutsamer aber sind die beiden folgenden „semantischen Fallen“: die **verbale Neuschöpfung,** die der Alltagssprache ein harmlos aussehendes Kuckucksei ins Nest legt (Restrisiko oder Nullwachstum) sowie die **politische Umwidmung** an sich feststehender Begriffe wie „Reform", „Demokratie" etc. zur sprachlichen Legitimation beliebiger Weltverbesserungsprojekte wie zum Beispiel „Bildungsreform" und „mehr Demokratie wagen".

Im folgenden wollen wir uns der Analyse konkreter semantischer Auseinandersetzungen widmen.

Begriffsinhalte und Begriffsetiketten

An einigen Beispielen aus dem Sprachgebrauch der Friedens- und Sicherheitspolitik läßt sich belegen, wie unterschiedlich die Inhalte gleicher Begriffsetiketten aussehen können. Anläßlich einer Begegnungstagung an der Bischöflichen Akademie in Aachen wurden einer Gruppe von Soldaten und Zivildienstleistenden unter anderem folgende Begriffe vorgelegt, zu denen beide Seiten unterschiedlich assoziierten.

Frieden

Für **Soldaten** ein Idealzustand, dem es ständig nahezukommen gilt, der letztlich aber nie vollständig zu gewährleisten sein wird. **Zivildienstleistende** geben dem Begriff eine emotionale Note: „. . . vor allem ein Zustand der Liebe und Zuneigung, der eng zusammenhängt mit dem religiösen Erleben."

Pazifismus

Ähnlich, wenn auch deutlicher, trennen sich die Einstellungen hier: Für **Zivildienstleistende** bedeutet Pazifismus bereits einen konkreten Weg zum Frieden. Für **Soldaten** rückt er schon in den Rang der Utopie, die keine Gestaltungskraft auf die politische Realität besitzt.

Sicherheit

beinhaltet für **Soldaten,** „. . . ohne Angst und Bedrohung in Ruhe und Ordnung" leben zu können. Die meisten **Zivildienst-**

leistenden lehnen den Begriff a priori ab; ihnen scheint er fragwürdig: „Sicherheit – für was? Nur wir sicher? Nicht die militärische Sicherheit!"

Verteidigung

ist nach Definition der **Soldaten** ein Konzept, das Sicherheit gewährt. Es ist ein Notstand, eine Notwehr, ein notwendiger Akt der Selbstbehauptung. **Zivildienstleistende** stellen Verteidigung als solche nicht in Frage – für sie ist sie aber nur dann legitimiert, wenn sie den gewaltfreien Weg eines Mahatma Gandhi oder Martin Luther King nimmt.

Deutlicher trennen sich die Auffassungen noch in den Begriffen:

Rüstung und Militär

Wiederum sind es die **Soldaten,** die im militärischen Komplex, seiner Ausstattung, Ausrichtung und Strategie ein rationales Element der Friedenssicherung sehen. Dabei erkennen sie durchaus an, daß etwa soziale Defizite durch hohe Rüstungskosten in Kauf genommen werden. Ihnen ist der Akt der Güterabwägung als schmerzlicher Prozeß politischer Willensbildung bewußt. Anders die **Zivildienstleistenden** – in ihren Aussagen finden wir eine stringent einseitige Position: So dient die Konzeption der Abschreckung in erster Linie der Aufrüstung und dem Erlangen der over-kill-capacity. Rüstung ist ein Verbrechen, ist durch die hohen Kosten „Mord an der Dritten Welt". Ihrer Meinung nach dient Militär der Unterdrückung und Mißachtung der Menschenrechte.

Gerade die letztgenannten Beispiele zeigen uns, wie Rollendispositionen die Deutung von Sprache beeinflussen. Es mag durchaus der Fall sein, daß hier selbstgesetzte Begriffe die einmal gewonnene Einstellung absichern sollen. Der Art, wie Zivildienstleistende die Sprache einsetzen, kann man auch bei sehr objektiver Lesart dieses Motiv unterstellen. Denn ihre Begriffe zu benutzen, unterscheidet sich über die kognitiv-definitorische Ebene hinaus vor allem im emotional-moralischen

Bereich von denen der Soldaten. Sie bekunden zumeist, daß die analytische („kalte“) Beschreibung des sicherheitspolitischen Aspekts zynisch sei und an den Menschen vorbeigehe. Damit aber verliert ihr eigener Sprachgebrauch an Rationalität und seine Brückenfunktion zum Andersdenkenden.

Die Sprache soll aber nicht als Barriere und nicht als Waffe, sondern als Verständigungsmittel auch zwischen konkurrierenden Gruppen dienen. Dies bedingt aber, daß in einem politischen Konflikt beide Seiten um Lösungen bemüht sind.

Von „Profit“ und „Konsumterror“

Ein fruchtbares Feld des semantischen Ringens um Sprache und Denken findet sich auch unter dem Stichwort „Politische Umwidmung“, einer weiteren von Schmölders aufgezeigten Falle (1979, 68 f.). Bislang feststehende Begriffe werden mit neuem Inhalt versehen und je nach politischer Absicht instrumentalisiert. In eindeutig negativer Intention zeigt sich das in Beispielen aus dem Bereich der Wirtschaft. Linke Agitation versucht Begriffe aus der Arbeitswelt neu zu belegen und das Verhältnis zwischen Arbeitgebern und -nehmern zu polarisieren. Vornehmlich findet sich das negative Vokabular in kommunistischen Betriebszeitungen:

- Unternehmerertrag ist: Profit
- Unternehmer ist: Kapitalist, Ausbeuter
- Mitarbeiter des Unternehmens ist: Lohnabhängiger, Ausgebeuteter
- Rationalisierung ist: Arbeitsplatzvernichtung, Soziale Demontage, Rationalisierungsterror
- Arbeitszeit ist: Arbeitshetze
- Betriebsvereinbarung ist: Erpressung der Betriebsräte
- Tarifvertrag ist: Schandabschluß
- Werbung ist: Konsumterror.

Diese Wertungen finden sich auch in den Überschriften entsprechender Beiträge: „Schichtarbeit macht krank“! „Gegen Rationalisierungsterror und Arbeitslosigkeit!“ (Niedenhoff, 1982, 43).

Schönfärberei

Mit ihr – auch Euphemismus genannt – will man Unangenehmes beschönigen, verharmlosen, verschleiern. Sie trägt kurzfristig zur Beruhigung, Besänftigung und Schonung der Gefühle bei. Sie rückt negative Assoziationen in den Hintergrund, indem sie nur positive Aspekte einer Sache hervorhebt.

Der unangenehme Teil der Wahrheit wird ausgespart: Wo es zum Beispiel um den kritischen Sachverhalt „Müllverbrennung“ geht, wird der Interessenvertreter von „thermischer Verwertung“ sprechen.

Weitere Euphemismen:

– „Einnahmeverbesserung“ für Behebung des Haushaltsdefizits

– „Stabilitätsabgabe“ für Steuererhöhung

– „Rückführung der Personalstärke“ für Stellenabbau

– „Freisetzung von Arbeitskräften“ für Entlassung

– „Minus-Wachstum“ für Rezession.

Euphemismen können kurzfristig erfolgreich sein, solange die „semantische Mogelpackung“ (Beckmann, 1993, 15) nicht erkannt wird. Entdeckt man die Täuschung, ist der Schaden größer als der kurzzeitige Nutzeffekt. Bezahlt wird mit dem Verlust der Glaubwürdigkeit (Burckhardt, 1992, 831).

Dies gilt zum Beispiel auch für die Politik des Westens im Falle der friedensbedrohenden Kriegshandlungen auf dem Territorium der postsowjetischen Russischen Föderation. Testfall

Tschetschenien: Der Westen ist „besorgt". Man belegt den Krieg gegen ein Volk mit der wertneutralen verharmlosenden Bezeichnung „Konflikt" und macht Aggressoren wie Opfer zu gleichverantwortlichen Konfliktparteien. Man benutzt die Formel „innere Angelegenheit" und macht das Gemetzel dort als Polizeiaktion klassifizierbar.

Völkerrechtlich, wohl wahr, ist Moskaus Feldzug eine innere Angelegenheit, haben die Tschetschenen keinen Anspruch auf Anerkennung. Wenn die Zivilbevölkerung aber solchen Greueln ausgesetzt ist, verliert der Begriff „innere Angelegenheit" jeden Sinn und jede Bedeutung. Thomas Meyer: „Menschenrechte können nicht in Hoheitsrechten gefangen sein: Das ist eine der wichtigsten Lehren dieses Jahrhunderts, auch für das Völkerrecht . . ." (Kölner Stadt-Anzeiger, 7./8. Januar 1995, 2).

Konsequenz: Wir müssen selbstkritisch und wachsam sein und uns vor den Tarnmustern des (politischen) Sprachgebrauchs hüten. Wir müssen von uns und von den Politikern Verantwortungsbewußtsein und Mut zur offenen Sprache fordern.

Sprache und moralisches Empfinden

Ein weiteres prägnantes Beispiel für die politische Umwertung ist die Diskussion um die Strafbarkeit von Sitzblockaden: Atomkraftgegner zum Beispiel behindern oder sperren damit die Transportstrecke für Atommüll zwischen einem Kernkraftwerk und einem Zwischenlager. Für die Gerichte stellte sich in diesen Fällen immer wieder die Frage, wie denn diese Sachverhalte, die zumeist den objektiven Tatbestand der Nötigung (§ 240 StGB) erfüllen, zu bewerten sind. Sicherlich liegt diesen Vorkommnissen keine kriminelle Energie im klassischen Sinne zugrunde. Aber gerade hier finden wir die Crux der gesamten Thematik.

Es geht dabei um die Sprachwendung im Nötigungsparagraphen, wonach derjenige, der einen anderen mit Gewalt an einem bestimmten Tun hindert, zu bestrafen ist, wenn die Gewaltausübung verwerflich ist. Nun ist zu fragen, wann ein bestimmtes Verhalten verwerflich ist. Um eine Aktion als „verwerflich“ – das heißt als strafbar – zu werten, argumentieren die Richter, sei ein erhöhter Grad sittlicher Mißbilligung erforderlich. Für das sittliche Empfinden sei es aber offensichtlich ein Unterschied, ob ein Verhalten mißbilligenswerten Zwecken dient oder ein, für sich genommen, achtenswertes Ziel verfolgt (Holz, 1988).

Erkennbar werden hier ethisch-moralische Kriterien zugrunde gelegt, die nur schwer zu fassen sind. – Ja, sie fordern dazu heraus, daß sich der Richter in seinem Urteil von einer objektiven Tatbestandsbemessung trennt und ein weltanschauliches Bekenntnis ablegt. Schon die Interpretation der „Fernziele“ einer zu verhandelnden Blockade legt das nahe: Wie ist zwischen „eigennützigen“ und „gemeinwohlorientierten“ Zielen zu unterscheiden? Wer kann schon genau differenzieren, welchen Motiven eine solche Aktion folgt? – Vor allem, wenn bestimmte Gruppen, die sonst auf wenig öffentliches Interesse stoßen, versucht sein könnten, durch Sitzblockaden die Bevölkerung „wachzurütteln“. Hier mag der Verdacht naheliegen, daß die „gute Sache“, für die man sich einsetzt, bisweilen das Vehikel für die eigenen Public Relations ist.

Aber offensichtlich ist es den Akteuren der politischen Sprache gelungen, die Sitzblockaden in der öffentlichen Einschätzung zu einer – zwar nicht wünschenswerten – aber doch tolerablen, wenn nicht sogar ehrenhaften Angelegenheit zu machen. Dabei stehen ganz wesentlich die „Fernziele“, denen sich die Akteure verschrieben haben (wollen), im Mittelpunkt.

Eine wichtige Rolle spielen in diesem Zusammenhang prominente Blockierer, wie etwa Gollwitzer, Jungk oder Jens, die das eigene Tun in den Rang einer Gewissensentscheidung erheben, die aus Gründen – etwa eines drohenden „atomaren Holocausts“ – nur so habe ausfallen können. Reduziert man die Beiträge der genannten Personen auf den Kern, so bleibt übrig der Satz: „Der Zweck heiligt die Mittel.“

In seiner nackten unverbrämten Klarheit aber würde dieser Wortlaut viele Bürger verschrecken. Deshalb ist eine ästhetisierende Sprache eine wirkungsvolle Waffe, um die Herzen der Menschen zu gewinnen und die sittliche Anerkennung der eigenen Tat zu erhalten.

Um dieser „politischen" Interpretationsfreiheit der Gerichte Einhalt zu gebieten, beschloß der Bundesgerichtshof am 5. Mai 1988, daß jegliche Blockade mit Strafe zu bedrohen sei, unabhängig von den Motiven, den sogenannten Fernzielen. Das Gericht wendet sich damit den „Nahzielen" zu, also der Frage, was im Moment der Tat beabsichtigt war. Die Richter suchen so nach einheitlichen Kriterien für den Strafbestand der Nötigung, indem sie darauf erkennen, daß eine extensive Auslegung der Verwerflichkeit nicht dazu benutzt werden könne, die Konturen dieser Vorschrift unter dem subjektiven Blick des einzelnen Richters zu verwischen (FAZ, 17. Mai 1988).

Schon aus rechtsdogmatischen Gründen kann es nicht angehen, daß aktive Minderheiten Rechtsvorschriften ausheben oder brechen, die vom Gesetzgeber „im Namen des Volkes" geschaffen wurden. Ungenannt bleibt neben den plakativ formulierten Fernzielen wie „Erhaltung des Friedens" und „Bewahrung der Schöpfung" die eigentliche Absicht: der Angriff auf unsere Staatsform. Denn wenn es tatsächlich gelingt, Rechtsbrüche durch übergeordnete Ziele zu legitimieren, wird Rechtsgleichheit der Bürger zur Angelegenheit politischer semantischer Überzeugungsfähigkeit.

Was heißt „Bekennen"?

Bei einigem Überlegen fallen uns Beispiele aus der Antike und der Gegenwart ein, zum Beispiel: „Man schlage eine Epistel des Apostels Paulus auf, die er als Gefangener in Rom an seine Gemeinde schrieb; man lese einen Text von Pater Delp oder Dietrich Bonhoeffer, verfaßt in einer Todeszelle. . . . Wohl niemand bezweifelt, daß hier persönliche Zeugnisse vorliegen, die den Namen Bekenntnis verdienen" (Reichelt, 1988).

Welche Entwertung hat im allgemeinen Sprachgebrauch Platz gegriffen, wenn heutzutage von „Bekennerbriefen" in Zusammenhang mit irgendwelchen Gewalttaten, Anschlägen etc. geredet wird? Terrorismus ist die Abkehr von den Werten der politischen Kultur und den Regeln der geistig-politischen Auseinandersetzung. Terrorismus ist ein Verbrechen. Doch auch in diesem Fall scheint das Berufen auf eine Ideologie den schrecklichen Taten einen höheren Sinn zu verleihen. Im eigenen Verständnis stellen sich die Terroristen in eine Reihe mit den Opfern der Christenverfolgung und des Naziregimes. Es zeugt von einer gewissen Tragik, wenn die „Selbstbezichtigung“ eines Kapitalverbrechens – und darum handelt es sich – selbst im Sprachgebrauch von Journalisten und Experten als „Bekenntnis“ auftaucht. Sie müßten sich bewußt sein, daß die Benutzung dieses Begriffes eine politische Wirkung zeigt. „Bekennerbrief – dieses Wort verbindet sich mit Erhabenheit und Lauterkeit der Motive. Wenn auch in unverhältnismäßig drastischer Weise, die auch im Tatbestand keinen Vergleich zuläßt, wird hier dieselbe Taktik wie im Falle der Sitzblockade offenbar: Der Bruch der Rechtsordnung ist kein eigennütziges Tun, sondern Handeln für eine höhere Sache.

So bleibt nicht aus, daß man in der Bevölkerung dahin tendiert, die Gewalttaten „gewöhnlicher Krimineller“ und „politisch motivierter“ Gewalttäter unterschiedlich zu beurteilen.

Die Sache mit der Religion

Eine andere Art semantischer Fallenstellung ergibt sich dann, wenn auf Begriffsetiketten mit bereits definierten Begriffsinhalten aufgesattelt wird. Das geschieht im Sinne von verbalen Neuschöpfungen und Umdeutungen zum Beispiel im liturgischen Bereich. Gerade der religiöse Sektor bietet eine Vielzahl von Möglichkeiten, Wortsymbole für politische Inhalte zu nutzen: „Herr, wir bitten Dich, segne in dieser vorweihnachtlichen Zeit alle Arbeitnehmer, die durch Überstunden von den Unternehmen ausgebeutet werden.“ Mit diesem Beispiel belegt Pater Basilius Streithofen, wie das Gebet für politische Zwecke mißbraucht wird: „Das Gebet für andere, das heißt nämlich Für-Bitte, wird zu einer willkommenen Gelegenheit, anderen einmal in einer frommen Mogelpackung kräftig die Meinung zu sagen. Und das schönste: Gegenwehr ist auch nicht möglich“ (Streithofen,1988).

Was tun?

In den vorangegangenen Darstellungen haben Sie einen Eindruck davon erhalten, welche prinzipiellen Möglichkeiten der Kampf um Begriffe und damit um das Bewußtsein der Menschen bietet. Sie haben erkannt, daß sich dieser Kampf tagtäglich in unserem Miteinander ereignet.

Doch gehen wir einmal davon aus, daß Sie selbst in einem Gespräch oder etwa in einer größeren Diskussion herausgefordert sind, eigene Standpunkte zu formulieren. Was ist zu tun, wenn Ihr Gegenüber den Weg der semantischen Umwertung einschlägt? Nun, er wird diese Taktik dann zu nutzen suchen, wenn er sich davon Vorteile verspricht, die sich vielleicht auf das Meinungsbild möglicher Zuhörer auswirken.

Deshalb prüfen wir zunächst einmal: Welche Effizienz haben die Begriffsbedeutungen? Schätzt Ihr Gegenüber die Zuhörer richtig ein, und welche Möglichkeiten zu reagieren haben Sie?

Hier ist es wichtig, daß die psychologische Situation der Hörer die Akzeptanz von Begriffen nachhaltig beeinflußt. So wird beispielsweise eine Diskussion von betroffenen Anrainern einer zur Debatte stehenden industriellen Neuansiedlung anders verlaufen als etwa vor einem Plenum professioneller Städtebauer. Damit ist zugleich auch der Bildungsgrad der Zuhörer angesprochen, der Aufnahme- und Kritikfähigkeit der zuhörenden Personen wesentlich mitbestimmt. Es kann gleichermaßen der Fall sein, daß eine „feinsinnige“ Begriffswandlung Ihres Gesprächspartners am Aufnahmevermögen der Zuhörer vorbeigeht, also keine Gegenwehr erfordert, wie es umgekehrt notwendig sein mag, entschieden einem solchen Winkelzug entgegenzutreten, wenn er das Publikum in die Irre führt. Denn Ihre Maxime muß immer lauten:

Verlieren Sie vor lauter Taktik nicht Ihr Anliegen aus dem Auge!

Aber bleiben wir bei plastischen Beispielen, die Ihr Eingreifen als Diskussionsteilnehmer vor jedem Publikum erfordern.

Kurt Wolter (1987) nennt uns einige einprägsame Beispiele üblicher Begriffsverwirrungen, die den Gegner aggressiv in die Ecke drängen oder gar diffamieren sollen:

	angreifen	diffamieren
CDU/CSU	Rechte	die reaktionäre Clique
FDP	sogenannte Mitte	liberale Scheißer
SPD	Linke	kommunistischer Haufen
Teilnehmer	Rädelsführer	Chaot
Redner	Schwätzer	Schmierenkomödiant
Fragender	Zwischenrufer	Besserwisser

Wir erkennen, daß die Begriffsverwirrung dazu dient, den so bezeichneten Sachverhalt oder die so benannten Personen in Mißkredit zu bringen und sie in eine nachteilige Position zu manövrieren. Hier wird der Begriffsinhalt mit einem despektierlichen Etikett versehen.

Haben wir einmal den semantischen Trick durchschaut, so könnte es uns Vorteile verschaffen, wenn wir eine solchermaßen „verwilderte Diskussion" – wie Fritz Arlt es nennt – in redliche Bahnen zurücklenken. Das kommt zum einen der Sache selbst zugute, indem die unterschiedlichen Argumentationen an Prägnanz gewinnen und dem Zuhörer die Meinungsbildung erleichtert wird. Zum anderen können wir durch Methodenentlarvung die Glaubwürdigkeit des Gegners erschüttern und das Publikum zu seinen Argumenten auf Distanz bringen.

Also: Die Begriffe klären lassen.
Die Aussagen präzisieren lassen.
Die eigentlichen Wertvoraussetzungen, Interessenstandpunkte des gegnerischen Verfahrens offenlegen.

Gewußt, wie!

Doch diese Ratschläge und Erkenntnisse müssen im aktuellen Diskussionsverlauf auch umgesetzt werden. Dazu bedarf es Ihrer Fähigkeit, die Gesprächsparität zu wahren und keine Dominanz Ihres Gegners zuzulassen. Besonders wichtig ist es hierbei, die eigenen Begriffsdefinitionen und damit Programmpositionen zu besetzen.

Aus diesem Grunde seien im folgenden Abschnitt einige rhetorische Grundregeln aufgeführt, die Ihnen im semantischen Ringen – im Kampf um die Köpfe der Menschen – behilflich sein sollen. Die Hinweise stammen von Ulrich Müller und Horst Schuh (1980, 149 ff.).

Dialektik

Beginnen wir mit einer bekannten Taktik, die wir nicht zur Nachahmung empfehlen, mit der Dialektik. Sie verwendet die Methode, aus **zwei** sich widersprechenden Ursachen **eine** Folge abzuleiten oder aus **einer** Ursache **zwei** sich widersprechende Folgen.

Hier ein Beispiel für die Methode:

Zwei Wanderer – der eine staubbedeckt, der andere sauber – bitten einen Wirt, ein Bad nehmen zu dürfen. Da die Wasservorräte offensichtlich knapp sind, hat der Wirt zu überlegen.

Welche Entscheidung wird er treffen? Nun, die Dialektik nennt uns verblüffende Möglichkeiten:

- Der Saubere erhält das Bad, denn er hat Sinn für das Baden – der Schmutzige nicht!

Andererseits:
- Der Schmutzige darf baden, da er das Bad nötig hat – und nicht der Saubere!

Oder:
- Beide dürfen baden, da der eine ein Bad zu schätzen weiß, der andere eines Bades bedarf!

Hingegen:
- Keiner darf baden, da ja der Saubere nicht zu baden braucht und der Schmutzige das Baden ohnehin nicht schätzt!

Willkür – Beliebigkeit? – Nein, dieses bewußte Springen in teils widersprüchlichen Argumentationen ist ein systematisches Verfahren:

Die dialektische Argumentation richtet sich nach dem gewünschten Ergebnis!

Der Dialektiker sagt sich: Dieses Resultat muß herauskommen! Wie muß ich argumentieren, damit es klappt? Es ist mir völlig gleichgültig, was ich dazu benötige. Der Dialektiker kann also alles zurechtbiegen, wie er es und was er gerade braucht.

In der Diskussion mit einem solchen Gegenüber gibt es zwei Reaktionen:

1. Die intellektuelle Unredlichkeit aufdecken.
   Zum Beispiel: „Jetzt führen Sie einen neuen Maßstab ein." Oder: „Sie versprechen jedem was anderes."

2. Über das Ziel diskutieren, dem sich der Dialektiker verschrieben hat.
   Zum Beispiel: „Ist es überhaupt wünschenswert/sinnvoll/human . . ., was Sie da anstreben?"

Für die Diskussionsteilnehmer ist es von eminenter Wichtigkeit, die **gegnerischen Fallen** zu erkennen. Solche Fallen sind zum Beispiel bewußte Irreführungen, Unterstellungen, pauschale Schuldzuweisungen, Wort- und Zahlenspiel, Wahrheit im falschen Zusammenhang etc.

Auch sollte die unfaire Taktik des Gegners, zum Beispiel Abwertung, Verdrehung, Ablenkung, Ideologisierung, Emotionalisierung, Unterstellung, Polemisierung etc. erkannt werden. Die Reaktion darauf sollte sein: Zuerst eine Methodenentlarvung und dann sachliche Weiterführung der Diskussion. Methodenentlarvung signalisiert dem Zuhörer, daß der Diskussionsgegner unfair ist. Wird diese Unfairneß mehrere Male erkannt, verliert der Diskussionsgegner beim Zuhörer an Sympathie.

Größte Vorsicht ist bei **falschen Alternativen** geboten. Hier sollte der Diskussionsteilnehmer gezwungen werden, sich für das eine oder das andere zu entscheiden, in der Regel kann er dies aber nicht. **Beispiel:** Mensch statt Technik, Frieden statt Demokratie oder Natur statt Chemie etc. Eine sinnvolle Reaktion auf diese falschen Alternativen ist das Wörtchen **und,** nämlich zum Beispiel Mensch **und** Technik, Frieden **und** Demokratie etc.

Die eben beschriebenen Situationen hängen eng mit dem zusammen, was unter dem Begriff Dialektik, die Kunst des Gesprächs, die Kunst der Diskussion zu verstehen ist.

Dabei müssen wir differenzieren:

Die wertfreie (pragmatische) Dialektik
unter anderem:

- Methodenentlarvung
- Autoritätsberufung
- Gebrauch von Ordnungszahlen
- Blickkontakt

Die faire Dialektik:
unter anderem

- Versachlichung
- Verdeutlichung
- Ermunterung
- Aufwertung
- Hilfestellung
- Anerkennung
- Bestätigung
- Solidarisierung
- Differenzierung

Die unfaire Dialektik:
unter anderem

- Unterstellung
- Ironisierung
- Ideologisierung
- Emotionalisierung
- Verdrehung
- Abwertung
- Verwirrung
- Polemisierung

Es hat keinen Sinn, auf dem Nachhauseweg zu sagen: „Der hat mir alles unterstellt." Sie müssen sich dort wehren, wo und wann es geschieht.

Ideologisierung

Um Sachfragen auszuweichen, ist es eine sehr verbreitete Methode, sie zu ideologisieren. Denn mit ideologischen Begriffen läßt sich leicht streiten, sie sind eben Überzeugungen, seien es religiöse oder politische. Hier gibt es keine andere Wahl, als sie zu entlarven.

Fangen Sie nie an, selbst zu **polemisieren.** Es bringt Ihnen nur Negativpunkte beim Publikum ein. Bei dieser Betrachtung muß jedoch auf die Wirkung von **Negativappellen** hingewiesen werden:

Es mag Ihnen schon aufgefallen sein, daß Sie negative, anomale, besondere Umstände viel leichter beschreiben können als positive, gesunde, allgemeine, richtige. In der Tat, Sie tun sich im Gespräch leichter, Ihr Anliegen zu vertreten, wenn Sie es negativ ausdrücken:

„Wir müssen alles tun, um zu vermeiden, daß Deutschland zum Tummelplatz von Terroristen wird" – statt:

„Wir müssen alles für unsere Sicherheit tun."

Oder praxisnäher:

„Kein Müllplatz für A-Dorf!" – statt:

„Der Müllplatz soll in B-Dorf angelegt werden!"

Was ist der Hintergrund? Nun, die negative Formel ist die des **kleinsten gemeinsamen Nenners.**

Um im Beispiel zu bleiben: Jedermann wird Ihnen zustimmen, daß unser Land nicht das Aktionsfeld politischer Gewalttäter sein darf. Fordern Sie aber „mehr Sicherheit", so legen Sie bereits durch Ihre Formulierung weitere Punkte Ihres Gedankenganges bloß und reduzieren die Zahl derer, die Ihnen bei der negativen Zielbeschreibung noch zustimmen würden: „Mehr Sicherheit? Aber nicht durch mehr Polizei, höhere Finanzaufwendungen, Beschränkung bürgerlicher Freiheitsrechte etc." Ähnlich in der Aussprache um den Müllplatz in A-Dorf: „Kein Müllplatz in A-Dorf." Dem stimmen unter Umständen auch die Bewohner von B-Dorf zu, derweil der Vorschlag „Müllplatz besser in B-Dorf" mit Sicherheit Proteste hervorrufen wird.

Deshalb:
Negative Appelle sind eher konsensfähig, da sie auf dem kleinsten gemeinsamen Nenner basieren.

Aufbau der eigenen Argumentation

Nach solchen Vorüberlegungen sollte der Diskussionsteilnehmer dem eigenen Argumentationsaufbau eine sehr große Beachtung schenken: Die Zuhörer sollen erfahren, was der Diskussionsteilnehmer will und warum er es will. Niemandem nützt es, wenn die Zuhörer am Ende der Veranstaltung genausoviel wissen wie vor Beginn. Der Diskussionsteilnehmer hat davon auszugehen, daß jeder Gesprächspartner daran interessiert ist, daß sein Beitrag in der vollen inhaltlichen Tragweite bei den Zuhörern „ankommt". Um dies zu erreichen, sollte ein Argumentationsaufbau gewählt werden, der aufgrund seiner Logik verstanden und auch in der Erinnerung behalten wird. Die Zielgruppe sollte sofort erkennen können, was der Diskutant will und warum er es will. Eine Möglichkeit, eine Argumentation aufzubauen, ist ein Vorgehen in **fünf Stufen.**

Erste Stufe: Ich interessiere meine Zuhörer so, daß sie mir auch wirklich zuhören. Ich suche einen aktuellen Aufhänger, bringe zu Beginn einer politischen Diskussion eine wichtige Information, unbekannt oder bekannt; etwas, das jeder schon weiß und wiedererkennt oder etwas, das ihn neugierig macht. Sie müssen Interesse wecken, den Zuhörer motivieren.

Zweite Stufe: Sie definieren das, worüber Sie sprechen. Vielleicht versehen Sie diesen Teil auch mit einem Fragezeichen? Zum Beispiel ist die Soziale Marktwirtschaft sozial? Verträgt sich Umweltschutz mit Wirtschaftswachstum? Machen Sie dem Zuhörerkreis möglichst am Anfang schon klar, worüber Sie sprechen, sonst besteht die Gefahr, daß Sie gleich von Anfang an mißverstanden werden.

Dritte Stufe: In der dritten Stufe versuchen Sie Pro- und Kontra-Argumente zu Ihrem Anliegen vorzutragen. Das heißt, Sie werden zwei oder drei Pro-Argumente anführen. („Selbstverständlich ist Ökonomie die Grundlage dafür, daß wir einen vernünftigen und effektiven Umweltschutz betreiben und bezahlen können.") Dann greifen Sie Gegenargumente auf: „Natürlich gibt es welche, die sagen, weniger Wirtschaftswachstum macht weniger Umweltschäden, so daß wir auch dann weniger Umweltschutz betreiben müssen."

Vierte Stufe: Hier werden Sie dann Ihr eigenes Urteil abgeben und begründen, warum Sie der Meinung sind, daß es nicht heißen darf, Ökologie statt Ökonomie, sondern heißen muß, Ökonomie und Ökologie. Beides zusammen ist wichtig, sowohl für die Wirtschaft als auch für die Umwelt.

Fünfte Stufe: Jetzt fordern Sie Ihre Zielgruppe auf, mit Ihnen zu diskutieren und vielleicht eine gemeinsame Basis zu finden.

Im folgenden sei anhand eines Kapitels aus dem Buch Schuh/Watzke: Erfolgreich Reden und Argumentieren – Grundkurs Rhetorik, 78 ff. die sogenannte Fünfsatztechnik von Hellmut Geissner an einem Beispiel verdeutlicht:

Der „Fünfsatz" als Grundlage von Argumentationsplänen

Der Fünfsatz ist ein Planungs- und Formulierungsmodell für den Aufbau zielgerichteter und überzeugend geschlossener Redeäußerungen. Seine Stärke liegt darin, daß durch zwingende Argumentfolge die Argumentation einer Rede oder eines

Diskussionsbeitrags den angestrebten Zielsatz konsequent vorbereitet. Der Fünfsatz läßt sich in verschiedenen Argumentationsstrukturen realisieren:

Der Aufsatzplan

Einleitung

Hauptteil

Schluß

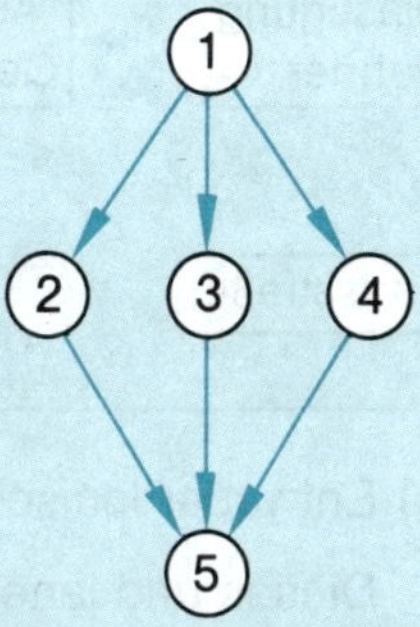

1 Einleitende Äußerung
Aus den Argumenten . . .
2 erstens . . .,
3 zweitens . . .
4 und – am wichtigsten – drittens . . .

folgt zwingend . . .
5 der Zielsatz

Formulierungsbeispiel:

1 Die Verkehrssituation in unserer Stadt ist durch den starken Durchgangsverkehr auf der Hauptstraße nahezu unhaltbar geworden.

2 Zum einen sind die Kinder auf dem Schulweg ständig stark unfallgefährdet.

3 Zum anderen ist besonders nachts die Lärmbelästigung für die Anwohner unerträglich geworden.

4 Zum dritten und am entscheidendsten: Die Belastungen durch Autoabgase hat zu gravierenden Schäden an den Gebäuden und zu einer gefährlichen Vergiftung der Luft geführt.

5 Um noch größeren Schaden von uns und unserer Umwelt abzuwenden, bleibt nur eines: Unsere Stadt braucht eine Umgehungsstraße!

Ein „räumliches“ Stichwortkonzept, das die Fünfsatz-Struktur deutlich macht, könnte zu unserem Beispiel so aussehen:

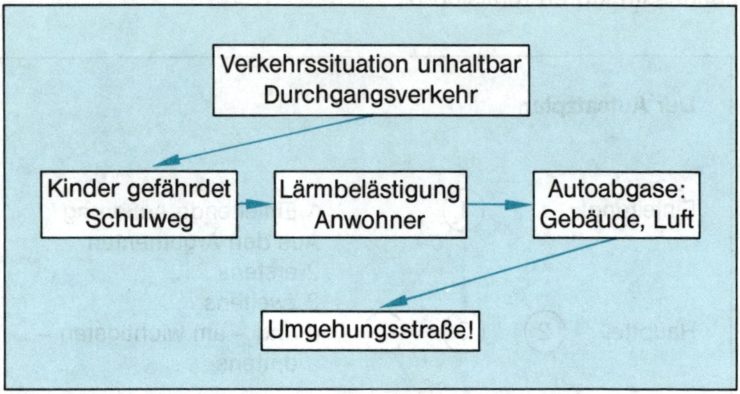

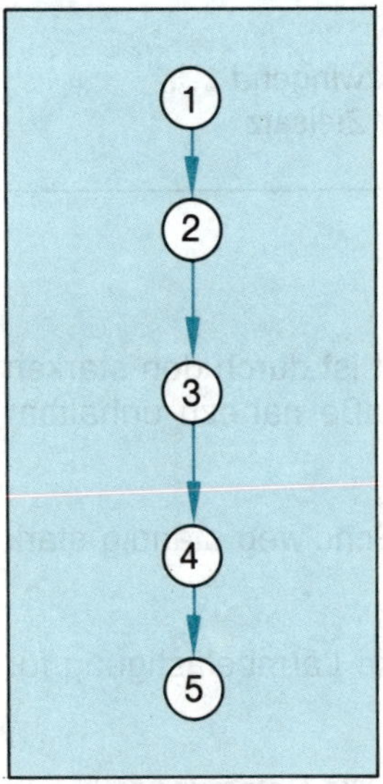

a) Entweder logisch . . .

1 Dieses und jenes ist so und so . . .
2 Das aber führt dazu . . .
3 Und wenn es so ist, daß . . .
4 dann folgt daraus . . .
5 Deshalb müssen wir . . .

b) . . . oder zeitlich

1 Ich kann mir nur folgenden Ablauf vorstellen . . .
2 Zunächst . . .
3 Dann . . .
4 Nach Abschluß . . .
5 Damit ist schließlich . . .

Die Kette

Die Kette entwickelt im Gegensatz zum Aufsatzplan ihren Zielsatz nicht aus mehr oder weniger parallel nebeneinander stehenden Argumenten, sondern aus der streng logischen oder zeitlichen Entwicklung eines bestimmten Gedankenablaufs (sogenannte Wenn-dann-Beziehung):

Formulierungsbeispiel zu a):

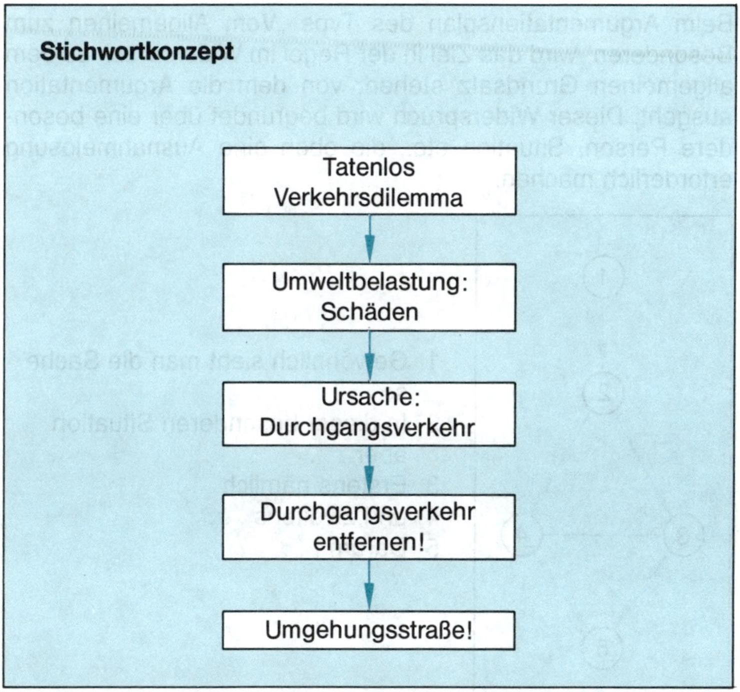

1 Gegen die unhaltbare Verkehrssituation in unserer Stadt wird noch immer nichts getan.

2 Das führt dazu, daß die Gesamtumweltbelastungen zu Schäden führen, die später nicht mehr beseitigt werden können.

3 Deswegen müssen wir schnell und gründlich das Problem des Durchgangsverkehrs in unserer Stadt angehen.

4 Voraussetzung für eine umweltgerechte Lösung wäre die Entfernung des Durchgangsverkehrs aus unserer Stadt.

5 Darum gibt es nur eine Lösung: Wir brauchen eine Umgehungsstraße!

Vom Allgemeinen zum Besonderen

Beim Argumentationsplan des Typs „Vom Allgemeinen zum Besonderen" wird das Ziel in der Regel im Widerspruch zu dem allgemeinen Grundsatz stehen, von dem die Argumentation ausgeht. Dieser Widerspruch wird begründet über eine besondere Person, Situation etc., die eben eine Ausnahmelösung erforderlich machen.

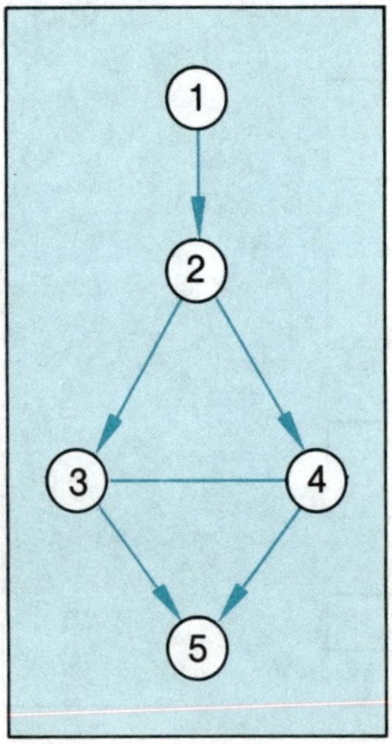

1 Gewöhnlich sieht man die Sache so . . .
2 In dieser besonderen Situation aber . . .
3 Erstens nämlich . . .
4 und zweitens . . .
5 Darum . . .

Formulierungsbeispiel:

1 In Anbetracht der Wirtschaftslage mag der Bundesminister für Verkehr recht haben, wenn er keine neuen Bauvorhaben mehr finanziell unterstützt.

2 Die Lage in unserer Stadt ist aber besonders schwerwiegend belastet durch den enormen Durchgangsverkehr:

3 Zum einen wird die wirtschaftliche Entwicklung der Stadt auf Jahre hinaus entscheidend behindert.

4 Zum anderen führen die Umweltbelastungen auf Dauer gesehen zu Schäden, die auch mit hohem finanziellen Aufwand nicht mehr beseitigt werden können.

5 Darum bleibt trotz finanzieller Bedenken nur eine Lösung: Unsere Stadt braucht eine Umgehungsstraße!

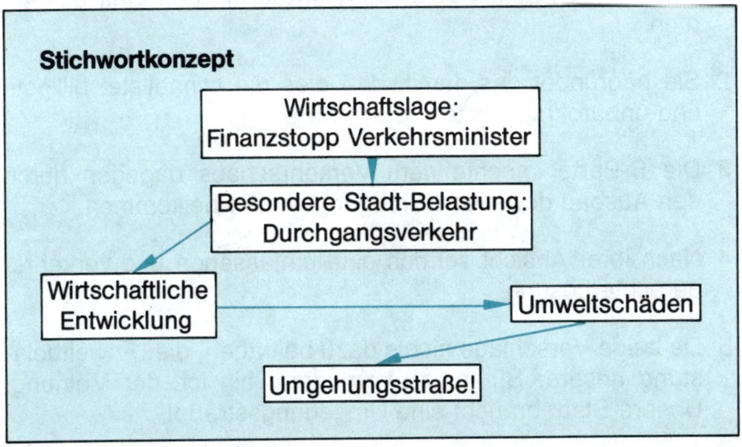

Der Vergleich

Der Vergleich entwickelt sein Ziel aus der Gegenüberstellung zweier gegensätzlicher Ansichten, wobei die wesentlichen Begründungen für die unterschiedlichen Auffassungen möglichst

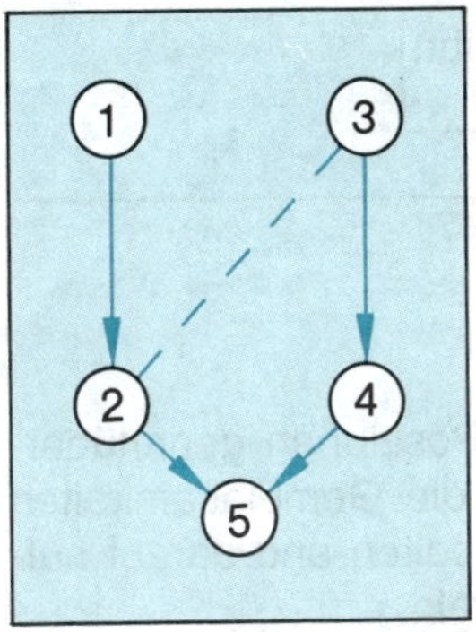

1 A meint . . .
2 Dies wird begründet mit . . .
3 B hält dagegen . . .
4 mit der Begründung . . .
5 Beide Auffassungen überzeugen nicht, weil . . .
Ich fordere statt dessen . . .

unparteiisch referiert werden. Die eigene Ansicht soll erst nach der Darstellung der beiden Positionen zum Ausdruck kommen.

Formulierungsbeispiel:

1 Die A-Partei will das Verkehrsproblem in unserer Stadt durch ein System von Einbahnstraßen in den Griff bekommen.

2 Sie begründet das damit, daß dies die schnellste, billigste und unbürokratischste Lösung wäre.

3 Die B-Partei möchte dem Verkehrschaos dagegen durch den Ausbau der alten Durchgangsstraße beikommen.

4 Nach ihrer Ansicht sei das eine umfassende und verkehrsgerechte Lösung.

5 Da beide Vorschläge nichts dazu beitragen, die Umweltbelastung unserer Bürger zu verringern, bin ich der Meinung: Unsere Stadt braucht eine Umgehungsstraße!

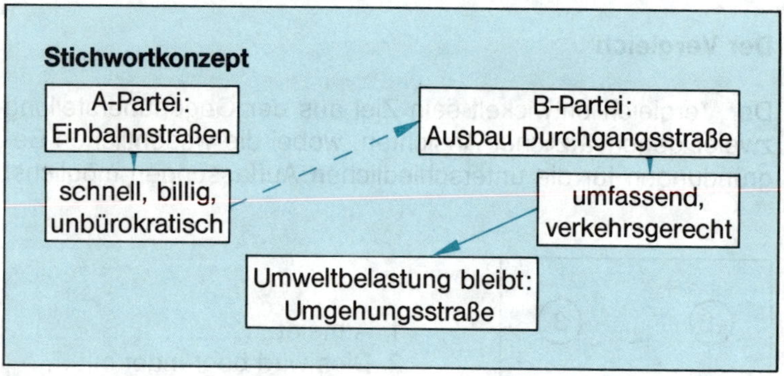

Der Kompromiß

Beim Kompromiß werden wieder zwei Positionen gegenübergestellt. Diesmal kommt es darauf an, die Gemeinsamkeiten zwischen beiden Positionen herauszuarbeiten und darauf aufbauend den eigenen Zielsatz zu entwickeln.

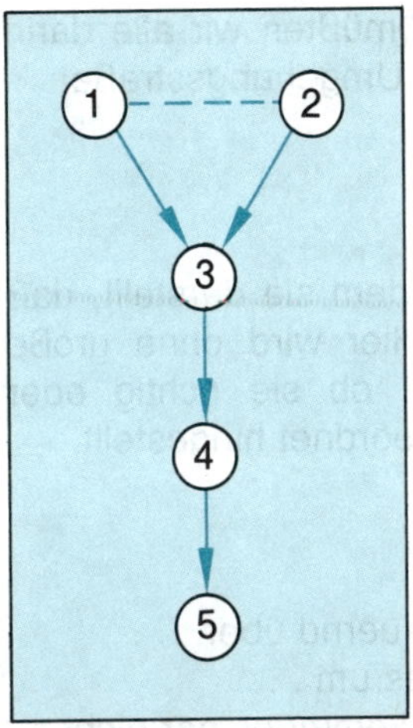

1 A meint . . .
2 B hält dagegen . . .
3 Beide sind sich darin einig . . .
4 Gerade dort sollte man ansetzen, denn . . .
5 Daraus ergibt sich also die Forderung . . .

Formulierungsbeispiel:

1 Die A-Partei will das Verkehrsproblem in unserer Stadt durch ein System von Einbahnstraßen in den Griff bekommen.

2 Die B-Partei möchte dagegen dem Verkehrschaos durch den Ausbau der alten Durchgangsstraße beikommen.

3 Beide sind sich darin einig, daß die Verkehrssituation unhaltbar geworden ist und eine schnelle Lösung notwendig ist.

4 Von dieser Übereinstimmung ausgehend kommt man sehr schnell zu der Einsicht, daß wir den Durchgangsverkehr ganz aus unserer Stadt herausnehmen müssen.

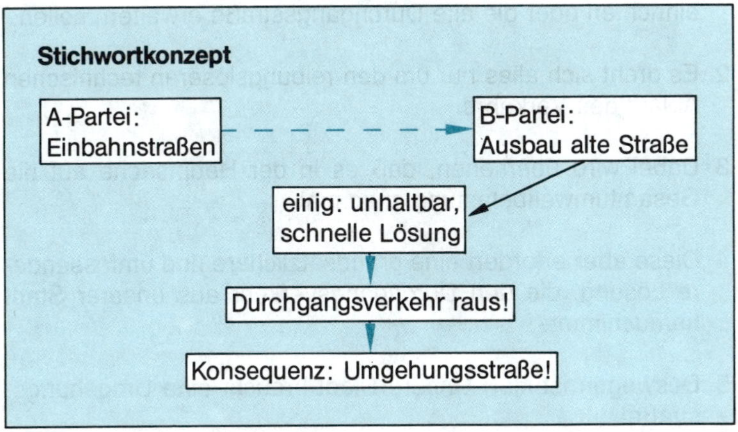

5 Bedenken wir diesen Gesichtspunkt, müßten wir alle darin einig sein: Unsere Stadt braucht eine Umgehungsstraße!

Die Ausklammerung

Die Ausklammerung erreicht ihr Ziel, indem sie darstellt, daß eine geäußerte Ansicht abwegig ist. Hier wird ohne große Begründung eine Ansicht, gleichgültig, ob sie richtig oder falsch ist, als nicht passend oder untergeordnet hingestellt.

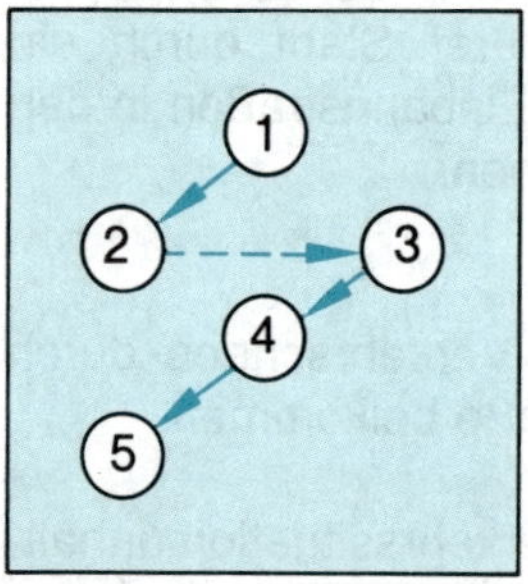

1 Wir reden dauernd über . . .
2 Dabei geht es um . . .
3 Darauf aber kommt es gar nicht an . . .
4 Vielmehr geht es um . . .
5 Daher muß . . .

Formulierungsbeispiel:

1 Die ganze Zeit reden wir darüber, ob wir Einbahnstraßen einrichten oder die alte Durchgangsstraße erweitern sollen.

2 Es dreht sich alles nur um den reibungsloseren technischen Ablauf des Verkehrs.

3 Dabei wird übersehen, daß es in der Hauptsache auf die Gesamtumweltbelastung ankommt.

4 Diese aber erfordert eine grundsätzlichere und umfassendere Lösung, die den Durchgangsverkehr aus unserer Stadt herausnimmt.

5 Deswegen ist klar: Unsere Stadt braucht eine Umgehungsstraße!

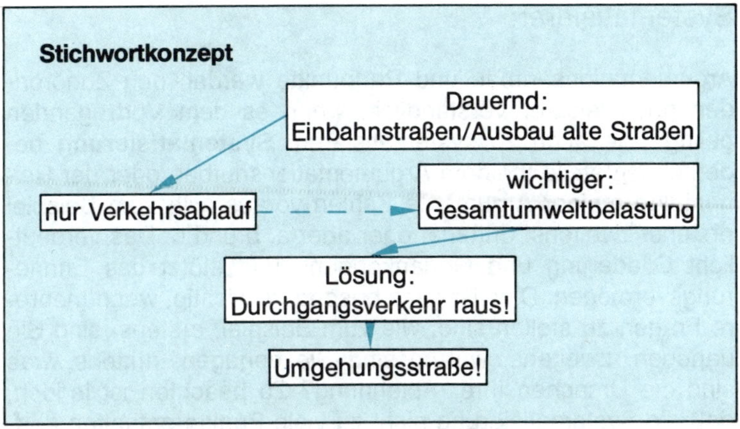

Prüfpunkte

Bei Diskussionen macht man immer wieder die Erfahrung, daß Diskussionsteilnehmer sich scheinbar auf derselben Grundlage befinden, aber dennoch unterschiedlicher Meinung sind. Alle Parteien befinden sich zum Beispiel in der „Mitte“. Oder aber, alle Diskussionsteilnehmer stellen sich als die „Wahrer der Demokratie“ dar. Bei diesen Situationen ist es wichtig, **Prüfpunkte** aufzustellen, das heißt, der Diskussionsteilnehmer sollte seinen Gegner anhand der von ihm gemachten Aussagen prüfen, wie zum Beispiel sein Demokratieverständnis ist (Prüfpunkt), wenn von der Gewerkschaftsseite Mitbestimmung gefordert wird, ob sie bereit ist, auch für diese Mitbestimmung eine Mitverantwortung (Prüfpunkt) oder eine Mithaftung (Prüfpunkt) oder die Risikoübernahme (Prüfpunkt) zu übernehmen.

Prüfpunkte signalisieren dem Zuhörer, ob der eben gemachte Vorschlag auch „echt“ ist oder nicht. Prüfpunkte ermöglichen es ihm zu erkennen, ob die eben gemachten Äußerungen bloße Lippenbekenntnisse sind oder einer wirklichen Einstellung entsprechen. An Prüfpunkten können aber auch die eigenen Äußerungen „überprüft“ werden. So kann der Diskussionsteilnehmer anhand selbst gesetzter Prüfpunkte darstellen, wie ehrlich er es meint.

Systematisieren

Argumentationsaufbau und Prüfpunkte werden den Zuhörenden noch leichter verständlich, wenn es dem Vortragenden gelingt, sie auch zu systematisieren. **Systematisierung** bedeutet, ich stelle meinem Argumentationsaufbau oder der Reihenfolge meiner Argumente Zahlen voraus, wie zum Beispiel erstens, zweitens, drittens, oder aber a, b und c. Das verdeutlicht Gliederung und Gedankengang und stützt das Erinnerungsvermögen. Dies ist ganz besonders wichtig, wenn mehrere Fragen zu stellen sind, wie zum Beispiel, erstens, sind Sie dagegen, zweitens, warum sind Sie dagegen, drittens, was sind die Ursachen Ihrer Ablehnung? Zu beachten ist jedoch, daß die Systematisierung nicht zu viele Punkte enthalten darf. Drei bis vier sollten das Limit sein. Der Zuhörer kann bei dieser Art der Systematisierung auch leicht feststellen, ob der Diskussionsgegner alle Fragen beantwortet hat, wenn erstens, zweitens und drittens gefragt worden ist. „Sie haben die Frage zwei noch nicht beantwortet!“ ist eine wirksame Rüge!

Legitimation

Immer wieder machen Diskussionsteilnehmer den Fehler, aus einer Defensivposition heraus zu operieren. Viel wirksamer ist es aber, eine **Eigenlegitimation** erkennen zu lassen – gemäß der Linie: Ich bin der Fachmann und daher auch prädestiniert dafür, diese Stellungnahme abzugeben. In diesem Zusammenhang ist eine Verteidigung dann nicht mehr nötig, weil sich die Stellungnahme praktisch selbst „verkauft“: Dem Fachmann billigt man Kompetenzen zu und schenkt seinen Worten eher Glauben. Aufgabe dieses Fachmanns ist es aber auch, sich der Zielgruppe anzupassen: Das bedeutet für ihn, er darf keine der Zielgruppe unbekannten Fremdwörter verwenden, weil er dann nicht verstanden wird. Er sollte Beispiele verwenden, die der Zielgruppe verständlich sind, um die eigene Argumentation damit zu untermauern. Nur das unterstreicht die Fachkompetenz und damit auch die Aussagekraft. Fremd-, Fach- und Schlagworte können bei der Zielgruppe Unverständnis oder sogar Mißverständnis hervorrufen. Bestenfalls hört man den „wissenschaftlichen Äußerungen“ ehrfürchtig zu.

Praxis- und Sachbezogenheit

Statt dessen sollten Praxis- und Sachbezogenheit im Mittelpunkt aller Äußerungen stehen. Dem dienen zum Beispiel Vergleiche mit Gegenständen und auf Sachgebieten, die den Zuhörern vertraut sind. (Zum Beispiel: bei Arbeitslosigkeit – wie kann man sie gemeinsam bekämpfen?) Nahezu alle Diskussionen leiden darunter, daß die Diskutanten sich immer weiter voneinander entfernen und sich damit auch immer weniger dem Publikum mitteilen können. Teilweise sind die Diskussionen so polarisiert, daß überhaupt keine gemeinsame Basis mehr erkennbar ist. (Zum Beispiel: jeder lastet dem Gegner die Arbeitslosigkeit an.) Kontroverse Vielfalt (über-)lebt jedoch davon, daß es ein Fundament von Gemeinsamkeit gibt, zum Beispiel, daß das Recht unsere Ordnung regiert (so ungerecht es auch oft subjektiv empfunden wird) und daß Grundrechte (Verfassung) unverrückbar sein müssen.

Der Diskussionsteilnehmer, dem es gelingt, eine **gemeinsame Basis,** das heißt, ein Wir-Gefühl zu erzeugen, ist eher in der Lage, den Zuhörern seine Praxiserfahrung als Maßstab für Argumentation annehmbar zu machen.

Gerade in diesem Zusammenhang wird oft der Fehler begangen, die **Schlagworte des Gegners** zu übernehmen. Die mit diesen Schlagworten verbundenen Werturteile sollten dann zumindest präzisiert oder relativiert werden. Zum Beispiel ist das Wort „Profit“ in der Bundesrepublik Deutschland – im Gegensatz zu England – abgewertet worden. In der Diskussion muß dieser Tatbestand berücksichtigt werden, zum Beispiel der Begriff Gewinn oder Ertrag mit dem Argument, daß die Gewinne von heute die Investitionen von morgen sind.

Übersicht der Regeln:

1. **Kurze Sätze, kurze Wörter!**
   Jeder Gedanke ein Satz!
   Keine langen Komposita!

2. **Systematisieren Sie:**
zum Beispiel: 1., 2., 3., . . . oder a), b), c), . . .
aber: Nicht zu viele Punkte ansprechen,
besser: wenige, anschauliche Beispiele.

3. **Sprechen Sie bildhaft:**
Bilder haften im Gedächtnis,
Bilder bewirken Emotionen.

4. **Bauen Sie eigene Kompetenz und Glaubwürdigkeit auf!**
Ich weise mich als Fachmann aus:
Wissen und Erfahrung vermitteln.

5. Geben Sie auch **Schwächen zu,**
dann aber Alternativen aufzeigen.

6. **Seien Sie nicht alles- und besserwisserisch!**
(Glaubwürdigkeit)

7. Zeigen Sie **Verbesserungen und/oder Alternativen** auf.
(Konfliktlösung)

8. Geben Sie keine **Globalantworten!**
(Ich will verstanden werden.)

9. **Benutzen Sie die Umgangssprache der Zielgruppe!**
Was will die Zielgruppe wissen?
Welche Stichworte kommen bei der Zielgruppe an?
Ist Humor gefragt? Beispiele aus der Zielgruppe.

10. **Meiden Sie Fremdwörter!**
Erläutern Sie Fachausdrücke!
Buchstabieren Sie notfalls Fremdwörter!

11. Übernehmen Sie nicht die **Schlagworte** des Gegners!
Kapitalismus, Profit, Lohnabhängigkeit etc.

12. Vermeiden Sie **Reizwörter:**
wie Multi, Jobkiller etc.

13. **Meiden Sie Substantive, bevorzugen Sie Verben!**
Verben sind dynamisch, Substantive statisch.

Bei „Methodenentlarvung" setzen Sie möglichst Substantive mit ung-Endungen ein („Das ist eine Unterstellung!").

14. **Bringen Sie Vergleiche, beachten Sie Assoziationen!**
Bilder können Vergleiche sein.

15. **Formulieren Sie positiv!**
Positive Aussagen erhöhen die Akzeptanz.
Negative Aussagen schrecken ab.

16. **Bringen Sie Beweise statt Behauptungen!**
Kausalketten bewirken Nachvollziehbarkeit, gegebenenfalls Einsicht. Behauptungen forden Widerspruch heraus.

17. **Argumentieren Sie zweiseitig!**
Gegenargumente einbeziehen!
Pro und Contra abwägen!

18. **Zielen Sie auf den „Bauch"!**
Schaffen Sie Betroffenheit.

19. **Reagieren Sie angemessen auf Zwischenrufe!**
(eingehen oder übergehen)

20. **Demonstrieren Sie Selbstsicherheit!**
Jedoch nicht überheblich sein.

21. **Halten Sie Blickkontakt!**
Zielgruppe beobachten.

22. **Achten Sie auf Ihre Redezeit!**
(Wann muß ich Schluß machen?)

Stimmliche Möglichkeiten

Eine weitere Möglichkeit, mit der wir es dem Zuhörer leichter machen, uns zu verstehen, bietet das Instrument der **Stimme.** Mit der Stimme können wir etwas lebendig, interessant, fesselnd – das heißt verständlich – für den Zuhörer machen. So ist es langweilig, minutenlang auf der gleichen Tonhöhe zu sprechen, die Zuhörer schlafen dabei ein. Sie werden mit der Stimme also modulieren, Sie werden sie verändern. Sie werden mal tiefer, mal höher sprechen, Tonhöhe und Lautstärke variieren. Sie sprechen lauter, wenn Sie etwas ganz besonders hervorheben, etwas betonen wollen. Sie können die Stimme anheben oder aber auch senken. Nur das Unterschiedliche fällt auf, hebt sich ab, leiser und lauter, etwas langsamer oder etwas schneller, die Stimme etwas tiefer ansetzen oder etwas höher, um Dinge hervorzuheben. Diese Wirkung läßt sich noch dadurch verstärken, daß Sie Ihre Gestik als „Taktstocksignale" (Morris, 1978, 56 ff.) synchron einsetzen. Das heißt, der Taktschlag mit der Hand markiert diejenigen Aussagen, die man besonders betonen oder verdeutlichen möchte.

5. Körpersprache, nonverbales Verhalten

„Sprich nicht frei – das macht einen so unruhigen Eindruck. Am besten ist es: du liest deine Rede ab. Das ist sicher, zuverlässig, auch freut es jedermann, wenn der lesende Redner nach jedem Viertelsatz mißtrauisch hochblickt, ob auch alle noch da sind." (Kurt Tucholsky)

Sprechen besteht nicht nur aus Lauten. So ist etwas, das anspricht, meist etwas, das Ausstrahlung besitzt. Und ein Redner spricht nicht nur allein mit seiner Stimme, sondern auch mit seinem ganzen Körper.

Seine **Haltung,** sein **Verhalten** können also etwas ausstrahlen, was das von ihm **Gesagte** unterstreicht, betont, verstärkt. Um dies zu erreichen, muß er also eine **Gestik** einsetzen, die jedoch nicht prominenten Rednern nachgeahmt sein darf; er wird keine Wirkung erzielen, wenn diese nicht von seinem eigenen persönlichen Wesen ausgeht.

In der Wissenschaft gibt es zwei Denkrichtungen mit unterschiedlichen Annahmen über das Körperverhalten:

- der (ausdrucks-)psychologischen Schule gilt nonverbales Verhalten traditionell als Ausdruck von Gedanken und Gefühlen;

- die Kommunikationsforschung dagegen betrachtet Körperhaltungen und Bewegungen als Merkmale zwischenmenschlicher Beziehungen.

„Beide Auffassungen sind nicht unvereinbar miteinander: Konzentriert sich der Beobachter auf das Individuum und untersucht ausschließlich die psychischen Vorgänge bei dieser Person, so erscheint ihm dessen Verhalten als Selbstausdruck. Betrachtet er diesen Menschen jedoch als Mitglied einer Gemeinschaft und untersucht sein Verhalten daraufhin, was es in der Gesamtgruppe bewirkt, so wendet er sich dem Kommunikationsaspekt zu. Also: Menschliches Kommunikationsverhalten ist zugleich expressiv und kommunikativ." (Schuh/Watzke, 1994, 166)

Die sorgfältige Beobachtung körpersprachlicher Äußerungen bietet einen wesentlichen Zugang zu einem Menschen und erlaubt Rückschlüsse auf seine Persönlichkeit. Sie können als Ausdruck individuell-persönlicher Gedanken und Gefühle (expressiv) gedeutet und als Merkmale zwischenmenschlicher Beziehungen (kommunikativ) betrachtet werden. Die richtige Deutung der nichtsprachlichen Signale ist jedoch schwierig und setzt eine ganzheitliche Betrachtungsweise voraus. Eine nur auf einem einzigen nonverbalen Merkmal basierende Schlußfolgerung wird sich grundsätzlich als zu unsicher und nicht tragfähig erweisen. Man sollte daher immer bemüht sein, die Beurteilung des Gegenübers auf mehrere Merkmale – sprachlicher und körpersprachlicher Art – abzustützen. Erst die Summe und Stimmigkeit der Einzelhinweise begründen ein sicheres psychologisches Urteil.

Wer sich so diszipliniert und differenziert auf die Körpersprache anderer Menschen einstellt, wird seine Wahrnehmungsgenauigkeit und Chancen erhöhen, adäquate Schlüsse aus seinen Beobachtungen zu ziehen. Wichtig ist es dabei, die Wechselwirkungen zwischen dem eigenen Verhalten und dem eines

Gesprächspartners zu erkennen. Wer mit Selbstvertrauen und Gelassenheit in ein Gespräch hineingeht, dem rät der Seminarleiter Horst Rückle zum Beispiel, soviele Pausen zwischen seine jeweiligen Aussagen und Folgeaussagen zu legen, daß er noch Gelegenheit hat, die Reaktion seines Gegenübers zu beobachten, um daraus Schlüsse zu ziehen, wie er auf ihn gewirkt hat (Schober, 1991, 30).

Wer mit körpersprachlichen Mitteln auf seine Zuhörer Einfluß nehmen will, muß authentisch bleiben. Versucht er es mit einstudierten Ausdrucksmitteln, erliegt er möglicherweise dem „Tausendfüßler-Syndrom". Er würde, so wie der Tausendfüßler bei einem bewußten Bewegungseinsatz seiner Füße, rhetorisch „außer Tritt" geraten, Irritation bewirken und seine Glaubwürdigkeit verlieren.

Statt dessen ist ihm innere Souveränität zu empfehlen. Sie macht ihn frei, die eigene Körpersprache „kommen zu lassen" und mit dem gesprochenen Wort wirkungsvoll zu synchronisieren. Sympathie, Status und Zustimmung lassen sich dadurch mit Blick auf Gesprächspartner und Publikum herbeiführen.

Es spricht der ganze Körper – ob wir es wahrhaben wollen oder nicht. Keine Gestik ist auch eine Gestik: Wenn der Körper des Redners völlig still in sich ruht, dann drückt er eben aus, daß er außer seiner Stimme weiter nichts sprechen läßt.

Welche Gesten können aber nun – bewußt oder unbewußt – die Aussage durch einen bestimmten Ausdruck unterstreichen und damit das Gesagte interessanter, werbender, überzeugender machen? Und welche können das Gesagte – und mag es noch so geschliffen gesprochen sein – langweilig erscheinen lassen, uninteressanter, schwächer?

Der bei einem Vortrag unruhig hin und her gehende Referent wird seine Zuhörer kaum auf das konzentrieren, worauf es ihm ankommt. Der zum Fenster hinausschauende Redner kann keinen Blickkontakt mit seinen Zuhörern herstellen; dabei ist Augenkontakt eine nicht zu unterschätzende optische Brücke, um die Botschaft zu transportieren.

Das nervöse Rascheln mit Manuskriptseiten und sonstigem Papier dürfte höchstens ein ähnliches Tun im Auditorium hervorrufen. Auch das Auf- und Absetzen der Brille, das Auf- und Abheben von Stichwortzetteln und das Festklammern an nicht benötigten Kugelschreibern werden die Blicke auf diese Gegenstände, nicht aber auf den Referenten richten. Gefaltete Hände gehören in die Kirche, zur Faust geballte Hände in eine Kampfarena, hinter dem Rücken versteckte Hände können keine Gestik erzeugen.

Welche Gestik könnten Sie denn erzeugen, um das Gesagte zu betonen? Seitlich ausgestreckte Arme unterstreichen das Ganze, eine kopfkratzende Hand verstärkt einen ausgesprochenen Zweifel, nach unten hängende Arme sind das äußere Zeichen inhaltlicher Tiefs und von Ratlosigkeit. Um etwas auf den Punkt zu bringen, drücke ich vor meinem Gesicht die beiden Daumen und Zeigefinger kurz gegeneinander. Um konstruktive Aussichten zusätzlich nonverbal auszudrücken, beschreibe ich mit den Händen nach vorn und leicht nach oben ein Symbol von Perspektive und Doppelpunkt.

Zum Reden gehört also der unterstreichende Ausdruck in Haltung und Verhalten – der ganze Mensch also, der hinter dem steht, was informierend, überzeugend und argumentierend vorgetragen wird. Oder wie es Friedrich Nietzsche sagte: „Das Verständnis an der Sprache ist nicht das Wort selber, sondern Ton, Stärke, Modulation, Tempo, mit denen eine Reihe von Worten gesprochen wird, kurz die Musik hinter den Worten, die Person hinter dieser Leidenschaft. Alles das also, was nicht geschrieben werden kann."

6. Lampenfieber, Sprechangst, Blackout

Um Lampenfieber und Blackout unter Kontrolle zu bekommen, ist es zunächst wichtig, diese Zustände als Ausdruck von Streß und Angst verstehen zu lernen (Blankenstein et al., 37 ff.).

Sprechangst entwickelt jemand, der meint, er müsse in einem Vortrag, in einer Diskussion oder Interview **unbedingt** alles perfekt machen, und der doch genau weiß, daß er diesem (überhöhten) Anspruch nicht gerecht werden kann. Wer **unbedingt** meint, sich in solchen Situationen keine Blöße geben zu dürfen, wird in genau diesen Situationen angespannt und verkrampft sein. So gesehen wirken sich also unbedingte Erwartungen destruktiv aus.

Sicherlich läßt sich vieles durch Training und Situationserfahrung verändern, vieles aber muß auch – schweren oder leichten Herzens – akzeptiert oder hingenommen werden. Dies gilt besonders für die eigenen Leistungsgrenzen beim Auftreten in der Öffentlichkeit. Hier helfen **bedingte Erlauber.** Man darf sich auch einmal versprechen, **wenn etwas Wichtiges** zu sagen ist. Auch darf mal der Faden verlorengehen, **wenn das Endziel** im Auge behalten wird. **Wenn** der Redner ansonsten **eine gute Figur macht,** wird sein Husten oder sich Kratzen sicher toleriert werden. Der Anspruch an die eigene Leistung braucht nicht derart hoch zu sein, daß sich jede Schwäche und jeder Fehler strikt verbietet, **solange** das Bemühen erkennbar bleibt, das Beste zu geben.

Selbst wer auf diese Weise seine Einstellungen überprüft hat, kann dennoch bei einem öffentlichen Auftritt plötzlich den Faden verlieren. Dies ist keine Katastrophe, sondern allzu menschlich. Dazu die bekannte Fernsehjournalistin Carmen Thomas: „Ich kann mich gut erinnern: 1968, meine erste Probesendung für den WDR. Mitten im Satz riß der Faden. Die Stille trat personifiziert ins Studio. Sie griff mir mit kalten Fingern über den Rücken. Ich verlor mein Zeitgefühl. Nach einer Ewigkeit – wie es mir schien – und einigem Gestammel: ‚Umpf, mpf', kehrte das Blut wieder an die Stelle zurück, wo es hingehört. Ich fing den Satz nochmal von vorne an. Das Wort Blackout, das in der Theater-Sprache plötzliche Verdunkelung und in der Raumfahrt Unterbrechung des Funkkontaktes heißt, und im Kopf beides auf einmal ist, hatte ich vorher noch nie gehört. Oberpeinlich war mir das damals. Heute hoffe ich manchmal, daß es in meinen Sendungen passiert, damit sich möglichst viele Menschen ermutigt fühlen, am öffentlichen Reden teilzunehmen und zu merken: ‚Na und! Was macht es denn wirklich?: Nichts.' Ist es nicht schade, daß so wenig Platz für Wortkarge, für Langsame und für Versprecher ist? Das ist doch das normale Sprechen." (Schuh/Watzke, 1994, 184 f.)

Dies klingt tröstlich für Laien. Die von Carmen Thomas geäußerte Grundhaltung erlaubt es uns, cool zu bleiben und den Blackout als Denkpause zur Neuorientierung zu nutzen. Allerdings sollte man bei solchen Ratschlägen nicht vergessen: Gelassen ist nur der, der sich auch inhaltlich gut vorbereitet hat. Wer von einer Sache, über die er redet, wirklich viel versteht, kann und darf es sich leisten, Fehler zuzugeben, Irrtümer und Wissenslücken einzugestehen, über Versprecher selbst zu lachen. Niemand wird es einem dann übelnehmen, wenn man auf eine Frage erst einmal ein paar Sekunden gar nichts sagt und nach dieser kleinen Denkpause antwortet: „Das ist ein sehr bedenkenswerter Gesichtspunkt. Darüber habe ich noch nicht nachgedacht", oder „Ich habe den Faden verloren. Wer hilft mir weiter?"

7. Medienwirksames Auftreten

Für den Umgang mit den Medien gelten an sich keine besonderen nonverbalen Verhaltensregeln. Das öffentliche Auftreten, besonders im Fernsehen, hebt aber auf die Publikumswirkung und dabei vor allem auf den visuellen Eindruck ab. Deshalb sei auf die Faktoren hingewiesen, die in erster Linie die Wirkung der äußeren Präsentation verstärken: **Souveränität** und **Attraktivität.**

Souveränität

Das Maß an Souveränität hängt von der vorhandenen Macht oder Kompetenz und Furchtlosigkeit ab, die ihr Träger offenbart. Dazu gehören Statussymbole wie Kleidung, Titel etc., aber auch Körpergröße und vor allem Lockerheit, die eine Person in der öffentlichen Situation zeigt. Locker heißt: entspannt, nicht gekünstelt – natürlich, doch nicht lässig. So sollte man sich – im Sitzen wie im Stehen – unverkrampft aufrechthalten; gebeugte oder zusammengesunkene Körperhaltungen werden als Unterwürfigkeit, Müdigkeit oder Lustlosigkeit gedeutet. Im Stehen gewährleisten die Füße in Schulterbreite einen sicheren Stand, eine gleichmäßige Belastung der Beine beugen der einseitigen Verspannung eines (Stand-)Beins und des Körpers vor. Ruhige Bewegungen und sparsame Gesten unterstützen den überlegten und überlegenen Einwand.

Um Selbstbewußtsein und Ruhe auszustrahlen, wird man dementsprechend folgendes **unterlassen:**

- „Luftkämpfe" mit Armen und Händen, fahrige und ausladende Gesten, die mit der Stimmführung nicht koordiniert sind;
- beim Reden im Stehen: Hände auf dem Rücken oder vor dem Unterleib verkrampfen, in den Hosentaschen vergraben oder am Rednerpult fixieren;
- mit den Fingern nervös auf dem Tisch trommeln, unablässig mit Stift, Papier oder Brille spielen;
- unstete Fußreflexe, mit den Füßen scharren oder stampfen, auf den Fußballen wippen;
- linkische Verrenkungen, unkontrollierte Körperselbstberührungen, an der Kleidung herumstreichen oder zupfen. (Reineke, 1994, 183 ff.)

Attraktivität

„Wer schön ist, ist auch gut." Nach diesem Motto scheinen sich viele Menschen zu richten, denn in verschiedenen Untersuchungen wurde gezeigt, daß attraktive Personen, Männer wie Frauen, im Vergleich zu weniger attraktiven mehr mit allen positiven Eigenschaften bewertet werden. Sie werden als freundlicher, empfindsamer, bescheidener, umgänglicher, geselliger, intelligenter, interessierter etc. angesehen. Man sagt ihnen auch ein erfolgreicheres berufliches und privates Leben nach. Nun bringt nicht jede(r) die Schönheit einer Aphrodite (oder eines Adonis) von zu Hause mit. Aber nach aller Erfahrung besteht trotzdem die Chance, ein weniger attraktives Aussehen durch ein gepflegtes Outfit wettzumachen.

Herbert L. Piedboeuf, Modefachmann und ehemaliger Pressechef der hessischen CDU, räumt zwar ein, daß es sicherlich wichtigere Dinge als ausgerechnet die Kleidung gäbe, aber immerhin begleite sie den Menschen und vermittle einen ersten und in vielen Fällen auch entscheidenden Eindruck seiner Person.

Dazu auch F. Stahn: „Wie man sich darstellt, so wird man oft auch empfangen, deshalb gilt: Ruhig ein bißchen mehr auf sein äußeres Erscheinungsbild achten." (Stahn, 1990)

„Dress for Success"

Von vornherein gut beraten ist derjenige, der sich situations- beziehungsweise anlaßbezogen kleidet: Nadelstreifen bei einem Kamingespräch dürften sicherlich fehlplaziert sein, genauso wie modisch-bunte Accessoires beim Statement des Sprechers einer Fluggesellschaft nach einem Flugzeugabsturz. Wichtig ist ebenfalls, daß sich die Person in der ihr empfohlenen Kleidung wohl und in ihrer Persönlichkeit nicht vergewaltigt fühlt.

Vor einem öffentlichen Auftreten gilt es, sein äußeres Erscheinungsbild zu überprüfen, damit es kritischen Blicken standhalten kann. Mängel an der Kleidung können den Zuschauer vom Gesagten total ablenken, zum Beispiel: Wie sieht der/die denn heute aus? Seiner/ihrer Jacke täte eine Reinigung/ein Bügeleisen auch mal wieder gut. Und erst die Schuhe – die haben wohl noch nie Schuhcreme gesehen? Vom Frühstücksei ist auch was hängengeblieben . . . etc. Ein Kameramann pflegt solche Auffälligkeiten genüßlich einzufangen.

Zum äußeren Erscheinungsbild gehören auch die Frisur, der Haarschnitt, die Hände und der Zustand der Fingernägel – es ist kaum notwendig, diese Binsenweisheiten hier weiter auszuführen. Jeder, der eine positive Wirkung seiner Worte erwartet, weiß, was er berücksichtigen muß, damit nicht äußere Störfaktoren unnötigerweise das Gegenteil herbeiführen (Portner, 1987, 45 f. und Lentz, 1992, 241 ff.).

8. Kollektivtaktik: Im Verein stärker

Vorrangiges Anliegen einer Diskussion ist und bleibt es, Verständnis (Toleranz) und Akzeptanz für die eigene Meinung zu erreichen. Und je mehr und je öfter „meine" Meinung vertreten wird, desto besser. Das heißt, wird zum Beispiel bei einer Prodiumsdiskussion wiederholt eine bestimmte Meinung vertreten und auch argumentativ für die Zielgruppe durchschaubar gemacht, wird die Zielgruppe diese Meinung eher akzeptieren. Für den Diskussionsteilnehmer gilt es daher, alles zu versuchen, durch Mitglieder der eigenen Interessengruppe unterstützt zu werden. So etwas kann am Podium geschehen, aber auch im Publikum. **Bündnispartner** kann man sich vor einer Diskussion suchen. Für alle, die gemeinsam vorgehen wollen, gilt als oberste Devise: Die Meinung oder das Argument oder die Interessenvertretung stehen im Mittelpunkt und müssen der Zielgruppe nahegebracht werden.

Die Kollektivtaktik, das heißt, im Verein stärker zu sein als allein, muß vorbereitet werden: Entweder bittet der Diskussionsteilnehmer in einem Vorabgespräch den Diskussionsleiter oder den Diskussionsveranstalter, bei einer „Übermacht" der „gegnerischen" Diskussionsteilnehmer weitere Mitglieder der eigenen Gruppe einladen zu können. Oder aber eigene Gruppenmitglieder nehmen im Plenum an der Diskussion teil. So ist es heute üblich, daß zum Beispiel Gewerkschafter auf dem Podium ihre Kollegen im Plenum sitzen haben oder Betriebsräte Kollegen mitbringen, die aus dem Plenum Fragen stellen, Anregungen geben oder Beispiele in die Diskussion mit einbringen. Auch Unternehmer und leitende Angestellte sollten von dieser Möglichkeit Gebrauch machen.

So können zum Beispiel Definitionsfragen oder auch Entlastungsfragen gestellt werden, wenn die Diskussion zu einseitig ablaufen sollte. Auch wenn bestimmte Ereignisse nicht zur Sprache kommen, kann der Partner im Plenum hilfreich sein. Dies gilt ganz besonders dann, wenn der Diskussionsleiter sich nicht mehr neutral verhalten sollte. Der Stimme aus dem Publikum muß er sich eher beugen als dem Einwurf eines Diskussionsteilnehmers auf dem Podium.

Bei einem solchen taktischen Vorgehen sollte allerdings jegliche Art von **Kumpanei** vermieden werden. Kommt hier jemand jemandem auf die Schliche, so hagelt es in der Regel Minuspunkte.

Etwas anderes ist es, wenn sich eine spontane Bündnispartnerschaft aus der einen ganz speziellen Situation ergibt: zum Beispiel finden sich ein Gewerkschaftsvertreter und ein Unternehmer zusammen gegen ein Mitglied einer extremistischen Partei. Hier sind zwar der Unternehmer und der Gewerkschafter keine natürlichen Bündnispartner, aber in Grundfragen der Demokratie ist man sich meist einig.

Hilfreich bei dem kollektiven Vorgehen in einer Diskussion ist die **„Zeichensetzung“**: Hier können sich die Gruppenmitglieder durch bestimmte Zeichen (die Haltung des Kugelschreibers oder Blickkontakte etc.) signalisieren, ob der eine oder der andere noch etwas zur Diskussion beisteuern sollte. So kann man sich auch verständigen, wenn ein Beitrag gut oder unverständlich vorgetragen worden ist. Auch kann man einem Redner durch Zeichen verständlich machen, daß er zu lang wird. Diese Taktik ist ein gutes Mittel, sich die Bälle gegenseitig zuzuwerfen.

Hier bietet sich auch an, eine eigene, wenn auch interessante Frage unter Umständen zurückzustellen, wenn erkennbar ist, daß die Frage des Partners nicht oder nur unzureichend beantwortet worden ist und damit für die Zielgruppe noch keine Klärung der gegnerischen Argumente stattgefunden hat.

III Der Diskussionsleiter

1. Aufgaben

Der **Versammlungsleiter** ist der Dreh- und Angelpunkt jeder Versammlung. Von ihm hängt das Gelingen einer Versammlung entscheidend ab. Ausschlaggebend für die Person eines guten Diskussionsleiters ist, daß er sein Amt unparteiisch und mit Ruhe, Übersicht und Gelassenheit versieht.

Dazu gehört natürlich auch die Sorge für die „Ordnung im Saal" – eine Aufgabe, die höhere Verantwortungslast bedeutet als gemeinhin angenommen wird. So ist der Leiter einer Versammlung unter anderem für den **ordnungsgemäßen Verlauf** verantwortlich.

Der Versammlungsleiter ist der **Sachwalter des Publikums.** Er soll stellvertretend für das Publikum oder die Diskussionsteilnehmer handeln, indem er das Thema aufbereitet und die anstehende Thematik umreißt.

Seine Aufgabe ist es, das Publikum in den Gang der Ereignisse einzubeziehen. Dort, wo Unklarheiten herrschen oder entstehen, soll er Begriffe erklären. Dort, wo vom Thema abgewichen wird, soll er wieder zum Thema zurückführen.

Natürlich gibt es in der Praxis auch den „parteiischen" Versammlungsleiter. Ganz offensichtlich ist dies bei Parteiversammlungen oder Gewerkschaftskongressen. Diese Personen treten erklärtermaßen als Parteimitglied oder als Gewerkschaftsfunktionär auf und sind dem Publikum oder den Diskussionsteilnehmern in dieser Eigenschaft bekannt.

Sollten bei diesen Versammlungen allerdings Diskutanten aus anderen Organisationen – zum Beispiel aus gegnerischen Organisationen – auftreten, so ist es ein Gebot der Fairneß, daß sich Diskussionsleiter in besonderem Maße sachlich und ausgleichend verhalten.

Der integrative Leiter

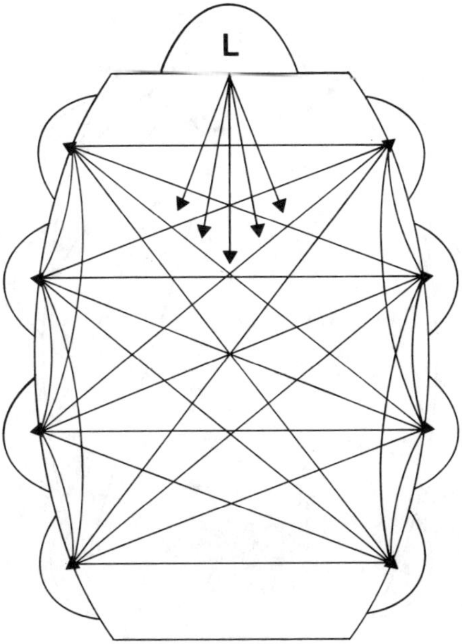

Der „primus inter pares“ versteht es, durch Impulse die Teilnehmer problembewußt zu machen und zu aktivieren und Interaktionen zwischen ihnen herbeizuführen.

Quelle: In Anlehnung an Roger Muccielli, 64

Je sachlicher und fairer die Diskussionsteilnehmer sich an der Debatte beteiligen, um so mehr tritt der Diskussionsleiter in den Hintergrund. Hier gilt eine Regel aus der Fußballsprache, nach der derjenige Schiedsrichter der beste sei, von dem man während des Spiels nichts sieht und der die Begegnung unauffällig leitet (Schuh/Watzke 1994, 95). Im allgemeinen befindet sich eine solche – wenn auch selten anzutreffende – Diskussion auf einem hohen Niveau, von dem Diskussionsteilnehmer wie Zuhörer gleichen Nutzen haben.

Der dominante (oder narzistische) Leiter

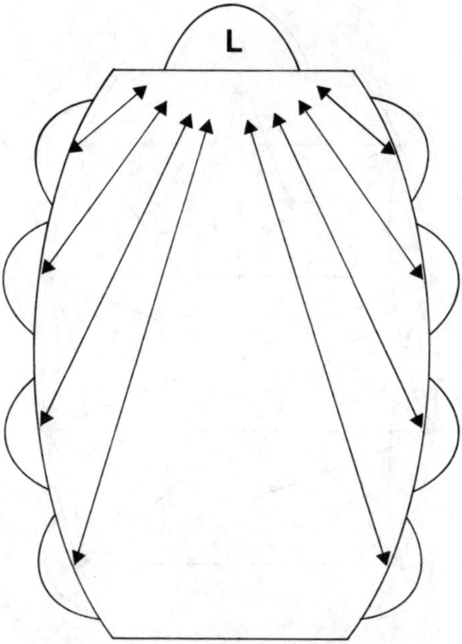

Er „führt" Dialoge mit den einzelnen Teilnehmern und blockiert ihre Spontankommunikation untereinander.

Quelle: siehe Abbildung auf Seite 77

Es versteht sich von selbst, daß der Leiter einer Diskussion alle Regeln der Rhetorik beherrschen muß:

– verständliche Ausdrucksweise
– klare Aussprache
– Techniken des gezielten Provozierens und des sachlichen Moderierens.

Kurzum: Er muß in der Lage sein, mit Kompetenz eine Sachauseinandersetzung behutsam, geduldig – oder auch humorvoll – zu einem Ziel zu führen.

Der „laissez-faire"-Leiter

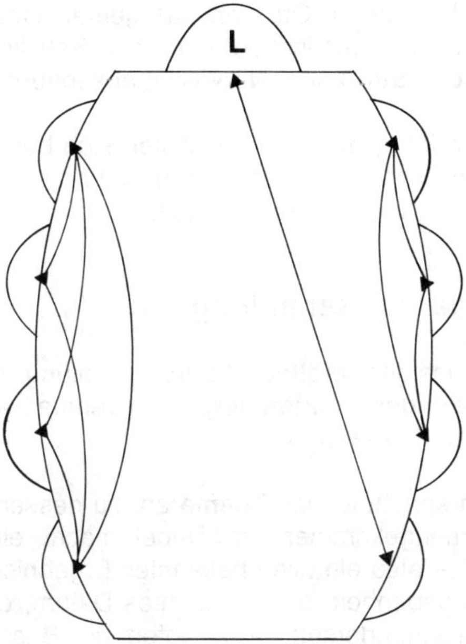

Er vernachlässigt seine Moderations- und Ordnungsfunktion
und läßt es zu, daß das Plenum in „Cliquen" zerfällt;
er führt „Privatdialoge" mit einzelnen Teilnehmern.

Quelle: siehe Abbildung auf Seite 77

2. Vorbereitung

Erste Voraussetzung für eine gute Versammlungsleitung ist die umfassende Vorbereitung. Ein Moderator, der sich am Vorabend oder gar erst kurz vor Beginn der Veranstaltung mit dem anstehenden Thema befaßt, kann niemals sicher und mit Umsicht auftreten. Haben die Teilnehmer der Diskussionsrunde einmal seine mangelnde Autorität erkannt, entgleitet der Gesprächsverlauf seiner Führung.

Vor Beginn der Veranstaltung sollten sich Diskussionsleiter und die Runde der Diskutanten zu einem Vorbereitungsgespräch zusammenfinden: Hier können die Regularien der Diskussion geklärt und die einzelnen Vertreter miteinander bekannt gemacht werden. Oft führt das gemeinsame Gespräch schon zu einer „Akklimatisation“ unter den Beteiligten und hilft somit, unnötigen Streß oder Nervosität abzubauen.

Die Erfahrung lehrt, daß alle Beteiligten sich bei dieser Gelegenheit warmreden und in der Veranstaltung selbst über ihre gewohnte Formulierfähigkeit verfügen.

3. Ablauf der Versammlung

Der Diskussionsleiter eröffnet die Versammlung. Dazu gehört das **Begrüßen der Teilnehmer,** der eventuell anwesenden Gäste und der Journalisten.

Im folgenden spricht er das **Thema** an, zu dessen Erörterung man zusammengekommen ist. Dabei macht ein konkreter **„Aufhänger“** – also ein allen bekanntes Ergebnis, eine ungewöhnliche Begebenheit, ein bestimmtes Datum, eine aktuelle politische Auseinandersetzung – sofort die Brisanz des gewählten Themas deutlich und weckt das Interesse.

Der Moderator gibt dann dem Auditorium den **Ablauf der Veranstaltung** bekannt – etwa den **Zeitplan,** nach dem man sich der einzelnen Teilaspekte der Thematik annehmen will, oder die Reihenfolge von Rede und Gegenrede. Ist die Thematik sehr spezifisch und wird sie vor einem heterogenen Publikum behandelt, ist vorab eine **Klärung der Begriffe** angezeigt, die im Laufe der Debatte von Bedeutung sein werden.

Der Moderator stellt nun die Teilnehmer auf dem Podium vor, nennt Namen – und je nach Art der Veranstaltung – ihre fachliche Qualifikation oder ihre Parteizugehörigkeit. Eventuell empfiehlt es sich, gleich zu Beginn der Debatte die grundsätzlichen Positionen der Vertreter zu erläutern. Günstig ist es, wenn der Diskussionsleiter den Einstieg in die Ansprache mit den folgenden Worten nimmt: „Meine Damen und Herren, in der Vorbesprechung haben wir uns auf die folgenden Spielregeln geeinigt . . ." Diese Worte informieren die Zuhörer über den zu erwartenden Verlauf und geben ihnen die Aussicht, einer sachlichen und am Thema orientierten Debatte beiwohnen zu können.

Gerade in der Anfangsphase hat der Diskussionsleiter eine wichtige Funktion. Er muß den **„Eisbrecher"** spielen, das heißt, er muß die Startfrage stellen, soweit er nicht vor der Diskussion bereits abgesprochen hat, wer die „Eisbrecherrolle" übernehmen soll.

Geeignet sind auch provokative Fragen: So reizen zum Beispiel überspitzte Formulierungen. Sie geben „Zündstoff". Eine Über- oder Unterbewertung eines Sachverhalts führt sofort zum Widerspruch einzelner Diskutanten. Auch die sogenannte Schwarz-Weiß-Malerei – allerdings muß sie konziliant vorgetragen werden – kann einer Diskussion sofort den nötigen Impuls verleihen.

Während der gesamten Veranstaltung sorgt der Versammlungsleiter dafür, daß **Diskussionsbeiträge** nicht zu Monologen erstarren. Dies wirkt langweilig und raubt der Versammlung jegliche Dynamik. Das gleiche gilt für den Dialog zweier Experten. Auch so etwas ist eintönig und geht in der Regel an den Zuhörern vorbei. Der Moderator hat desweiteren dafür zu sorgen, daß der rote Faden nicht verlorengeht. Dabei wird er immer wieder an die Disziplin der Akteure appellieren müssen. Wichtig ist auch die Rolle des Diskussionsleiters als „Buchhalter" in der Debatte, das heißt, er resümiert den Stand der Diskussion, zeigt, wo Gegensätze deutlich wurden, aber auch, wo Einigkeit erzielt werden konnte.

Der Diskussionsleiter hält dazu **Einzelergebnisse** fest, er gibt sie bekannt und schreibt sie auf. Ist ein Protokollführer zugegen, so bittet er ihn, diese Ergebnisse festzuhalten. Er trägt dafür Sorge, daß alle Teilnehmer wissen, wieviel Zeit für die Diskussion der einzelnen Punkte (noch) zur Verfügung steht. Die Chancen der Strukturierung, der sinnvollen Diskussion, werden durch diese Vorgehensweise optimiert.

Der Diskussionsleiter räumt jedem Diskutanten die angemessene Zeit für Wortbeiträge ein. Dabei achtet er darauf, abweichend von der vereinbarten Reihenfolge auch einmal Wortmeldungen „zwischenzuschieben", wenn etwa ein Diskutant direkt angesprochen wurde und er dazu eine Stellungnahme abgeben will. Jede Diskussion lebt nämlich vom schnellen Pro und Contra – vom regen Schlagabtausch.

Die Rolle des Diskussionsleiters als **Moderator,** als **Vermittler** wird besonders dort deutlich, wo er die Möglichkeit zum Kompromiß erkennt, Wege zur Annäherung ebnet oder Gegensätze – von Polemik befreit – auf das sachliche Maß zurückführt.

Oft hilft der **Rückgriff auf Wortbeiträge,** die im „Diskussionsgerangel" bereits geäußert wurden, aber dort noch nicht die gebührende Beachtung gefunden hatten. Diese Technik verlangt eine gute Übersicht des Diskussionsleiters und nötigt ihm größte Aufmerksamkeit ab.

Wenn Diskussionen spannend sind und gute Anregungen „herüberkommen", muß der Diskussionsleiter die Aussprache laufen lassen. Voraussetzung ist allerdings, daß die Diskussionsteilnehmer sich an die Spielregeln halten. Vielleicht kann man das eine oder andere Mal eine kleine „Überschreitung" tolerieren, wenn dies zur Ergebnisfindung beiträgt. Man muß allerdings genau darauf schauen, daß dies nicht zur Regel wird. Gegebenenfalls ist eine Erklärung angebracht, warum man in diesem Falle eine Ausnahme zuläßt.

Beiträge, die vom Thema abweichen, müssen unterbrochen werden. Dazu ist rechtzeitiges und konsequentes Eingreifen angezeigt. Die Kunst liegt dabei darin, genau den richtigen Zeitpunkt und das richtige Maß zu finden. Kurz gesagt: es braucht **Fingerspitzengefühl.**

Ist die Diskussion spannend, können kleine „Verfehlungen" in der Hitze des Gefechtes einmal vorkommen, hier wäre ein verfrühtes Eingreifen abträglich. Der Gerechtigkeit wäre zwar Genüge getan, der Meinungsstreit aber abrupt unterbrochen. Ein zu spätes Eingreifen läßt die Diskussion „verlottern". Dem

Diskussionsleiter wird es immer schwerer fallen, für Ordnung zu sorgen. Er verliert vor den Zuhörern die „Legitimationsbasis". Was dem einen zugestanden worden ist, kann dem anderen nicht vorenthalten werden. Es gewinnt der rhetorisch Stärkere oder auch der in der Aussprache Lautere: Kehlkopf geht vor Kopf!

In der Hitze der Diskussion muß der Versammlungsleiter darauf achten, daß auch rhetorisch und stimmlich unterlegene Personen – wenn sie kompetent sind – zu Wort kommen. Er muß also den „Unterlegenen" helfen. Es darf nicht sein, daß der rhetorisch Geschultere siegt und die „Dauerredner" und „Alleswisser" eine Versammlung dominieren.

Der Tod jeder Diskussion oder jeder Versammlung sind Verallgemeinerungen, Schlagworte oder Worthülsen. Dies ist leeres Stroh, das gedroschen wird. Der Diskussionsleiter muß so etwas entschieden abwehren und – etwa durch Nachfragen – fundierte Begründungen verlangen. Begründungen und Beispiele sind das Salz einer jeden Diskussion.

Gegebenenfalls muß der Versammlungsleiter **Ordnungsverweise** aussprechen. Hier steht zunächst einmal die Ermahnung, sich doch bitte an die Spielregeln zu halten. Beim zweiten Ordnungsverweis muß dies noch deutlicher geschehen, so zum Beispiel mit den Worten: „Wir haben doch vereinbart, sachlich und fair zu diskutieren. Wir haben uns Spielregeln gegeben, nach denen wir verfahren wollen. Sie verstoßen nun zum wiederholten Male dagegen." Bei weiteren Verstößen muß der Moderator mit konkreten Konsequenzen drohen – letztlich mit der Aufforderung, den Saal zu verlassen.

Kaum ein Diskutant ist daran interessiert, von der weiteren Debatte ausgeschlossen zu werden. Seine Drittwirkung – also sein Einfluß auf das Auditorium – ginge verloren. Er wäre nun nicht mehr in der Lage, seine Argumente „herüberzubringen".

Spätestens bei dieser Androhung werden Versammlungsteilnehmer es sich sehr reiflich überlegen, ob sie weiterhin gegen die Spielregeln verstoßen wollen. Abgesehen davon, machen sie sich auch bei den Zuschauern unglaubwürdig. Eine Situation, aus der postwendend Sympathie- und Imageverlust resultieren.

4. Schluß der Versammlung

Gegen Ende der Veranstaltung lenkt der Moderator die Wortbeiträge der Diskutanten und den Diskussionsverlauf insgesamt auf ein Resultat hin.

Er selbst faßt nach dem letzten Wortbeitrag die Ergebnisse zusammen. Dabei müssen Übereinstimmungen ebenso wie Kontroversen angesprochen werden. Es ist allerdings ein Armutszeichen, eine Veranstaltung mit den sinngemäßen Worten zu beschließen, ein konkretes Ergebnis sei ja ohnehin nicht zu erwarten gewesen.

Dem Versammlungsleiter obliegt zum Ende einer Diskussion die Beantwortung der folgenden Fragen:

- Auf welche Kompromisse konnte man sich einigen?
- Ist das Problem gelöst?
- Sind aufgrund der Diskussion neue Lösungen vorgetragen worden?
- Hat die Versammlung zu einer weiteren Entwicklung beigetragen?
- Wo bestehen noch Differenzen, die bisher unüberbrückbar waren?
- Warum wurde keine Lösung gefunden?
- Ist eine Weiterarbeit am Thema notwendig?

Bleiben gravierende Differenzen bestehen, sollte der Versammlungsleiter die Teilnehmer ermuntern, weiter an Lösungskonzepten mitzuwirken. Eventuell können nun Terminvorschläge für eine Weiterführung des Themas gemacht werden. Spezielle Probleme, die bisher noch nicht erkannt waren, aber auf dieser Versammlung zu Tage getreten sind, können Anlaß für eine Veranstaltung mit anderem Schwerpunkt sein.

Alles in allem sollte der Versammlungsleiter einen positiven Ausblick geben. Er verweist auf die geleistete Arbeit und vermittelt den Teilnehmern das Gefühl, zu einer gelungenen Veranstaltung beigetragen zu haben. In diesem Zusammenhang steht der Dank an die Teilnehmer. Sie alle haben dazu beigetragen, daß diese Versammlung erfolgreich war und zu neuen Ergebnissen und Sichtweisen beigetragen hat.

5. Anträge und Wortmeldungen

Anträge und Wortmeldungen bilden das Instrumentarium, mit dessen Hilfe Versammlungen reibungslos durchgeführt werden können (siehe Kapitel Geschäftsordnung). Die Wortmeldung geschieht mit erhobenem Arm und voll geöffneter Hand. Der Wortmelder sollte dabei den Versammlungsleiter anschauen. Der Blick in eine andere Richtung kann sehr oft mißverstanden werden. Besonders das Zwiegespräch mit dem Nachbarn und das Gestikulieren werden oft vom Versammlungsleiter als Wortmeldung mißverstanden. Unklare Handbewegungen führen daher zu Rückfragen.

Anträge und Wortmeldungen

Sachantrag →	wird in der Regel Wochen vor der Tagung an die Antragsberatungskommission gerichtet („Der Kongreß möge beschließen . . .“).
Antrag zur Geschäftsordnung →	kann vor oder auch während der Tagung an die Versammlung gerichtet werden.
Dringlichkeitsantrag **Initiativantrag** **Entschließung** **Wortmeldung** →	aktuelle Beiträge an die Versammlung

Eingebürgert hat sich das Heben beider Hände als Zeichen einer Wortmeldung zur Geschäftsordung. Diese Wortmeldungen oder Anträge haben Vorrang. Das Handheben und das gleichzeitige Deuten auf den Vorredner signalisieren Wortmeldung oder Antrag zur vorgegangenen Wortmeldung. Diese hat allerdings keinen Vorrang. Sie kann aber, wenn sie der Sache dienlich ist, vom Versammlungsleiter vorgezogen werden. Er muß dies allerdings der Versammlung deutlich machen.

Je größer die Gesprächsgruppe, desto zwingender ist das Führen einer **Rednerliste,** um die Bevorzugung oder Benachteiligung einzelner Redner zu vermeiden. Auch bietet sie in Streitfällen den Nachweis einer korrekten Versammlungsleitung.

Am besten besteht die Rednerliste aus einem oder mehreren DIN-A4-Blättern, die nur einseitig beschriftet und gegebenenfalls fortlaufend numeriert werden.

In folgender Form hat sich die Rednerliste am besten bewährt (Schuh/Watzke, 1994, 101 f.):

1. Der Versammlungsleiter notiert die Nachnamen der sich Meldenden strikt in der Reihenfolge untereinander.

2. Den Namen des Beteiligten, dem er jeweils das Wort erteilt, streicht er dabei deutlich durch. Damit ist der nächste auf einen Blick klar, wenn ein Redner geschlossen hat.

3. Ist vereinbart (besonders in kleinen informellen Gruppen möglich), daß zu einem Beitrag eine direkte Gegenrede zulässig ist, wird der Name des direkten Gegenredners mit einem Pfeil rechts neben dem Namen des momentan Sprechenden notiert. Der Gegenredner erhält dann das Wort „außer der Reihe", was somit auf der Rednerliste auch optisch deutlich gemacht worden ist. Hat der Gegenredner geschlossen, wird dem nächsten nicht gestrichenen Redner in der Reihe das Wort erteilt.

4. Will der Versammlungsleiter selbst zur Sache sprechen, trägt er seinen Namen auf der Liste ein, oder aber er legt sein Amt für den betreffenden Tagesordnungspunkt nieder.

Beispiel einer Rednerliste:

Rednerliste

zur Diskussion .... am ....

~~Maier~~
~~Schmidt~~
~~Schulze~~
~~Becker~~ ← ~~Rampf~~
~~Maier~~
~~Rampf~~
~~Kunze~~ ← ~~Schmidt~~ ← ~~Alt~~
~~Schneider~~
~~Schulze~~
(~~Gesprächsleiter~~)
~~Bertram~~
Becker ← (Gesprächsleiter)
Peters
Fischer
Sperling

Oberstes Gebot der Fairneß seitens des Versammlungsleiters ist die sachliche Art und Vorgehensweise bei der **Worterteilung.**

Zwei Elemente sind dabei wichtig:

1. Einmal muß der Versammlungsleiter konzentriert abwarten, bis der Sprechende sicher geschlossen hat. Dabei hat sich eine kurze Pause mit Blickkontakt sehr bewährt.

2. Dann muß der Versammlungsleiter immer dieselbe Standardformulierung für die Worterteilung verwenden wie zum Beispiel „Frau Meier, bitte!“ oder „Herr Schmidt, bitte!“. Nur so sind persönliche oder wertende Untertöne zu vermeiden.

Allzu bekannt sich nämlich die Negativbeispiele: „Nun wird unser lieber Herr Dr. . . . zu uns sprechen!“ oder „Ich bin einmal gespannt, was Frau . . . uns nun Wichtiges zur Sache zu sagen hat.“

Grundsätzlich darf jeder Redner seinen Wortbeitrag zu Ende führen. Ausnahmen sind nur dann zulässig, wenn der Diskutant gegen die Geschäftsordnung verstößt oder in polemischer und verunglimpfender Form spricht.

Für jede Wortmeldung oder Antrag empfiehlt sich eine klare Gliederung.

Sie beginnt mit der kurzen Vorstellung der eigenen Person (zum Beispiel: „Mein Name ist xy und ich komme aus A/oder vom B-Institut“ etc.). Tagungsleiter und Teilnehmer wissen nun, mit wem sie es zu tun haben, und können den Wortbeitrag „einordnen“.

Der Redner teilt nun mit, zu welcher Sache er sprechen möchte oder auf welchen vorangegangenen Wortbeitrag er Bezug nehmen möchte. Dann folgt die eigentliche Aussage. Sie schließt mit einer Empfehlung, einer Bitte oder einem Vorschlag. Natürlich kann es auch eine Ablehnung sein. Taktisch klüger ist es für den Wortmelder allerdings, mit einem konstruktiven Element zu schließen. Die bloße Ablehnung ohne konstruktiven Alternativvorschlag steht negativ im Raum. Mit Wortmeldungen und Anträgen greifen die Akteure ins Versammlungsgeschehen ein, setzen Akzente und beeinflussen den Verlauf der Debatte. Um diese Instrumente wirkungsvoll zur Geltung zu bringen, sollte man einige Regeln beachten: Gebrauchen Sie kurze Sätze und kurze Wörter! Jeder Gedanke sollte ein Satz sein. Wichtig ist, daß der vorgebrachte Gedanke klar und systematisch gegliedert ist, zum Beispiel 1., 2., 3. oder a), b) und c). Reden Sie bildhaft. – Bilder erzeugen Assoziationen. Der Zuhörer kann den Gedanken nachvollziehen und behalten.

Wichtig ist, daß der Redner seine Sachkompetenz deutlich macht. Dies geschieht entweder schon in der Vorstellung (Kompetenz durch Herkunft) oder durch Verweise auf die persönliche Erfahrung. Von Bedeutung ist die Glaubwürdigkeit des Redners. – Deshalb nie „zu dick auftragen“! Ungünstig sind Pauschal- und Globalbehauptungen: „Wir sind doch alle für Frieden, Freiheit und Demokratie!“

Geschäftsordnungsantrag:	Grund:
Aufstellung einer Rednerliste	Zu viele Wortmeldungen am Podium oder im Plenum
Redezeitbegrenzung	Die Diskussionsbeiträge sind unterschiedlich lang, es besteht die Gefahr, daß einzelne Teilnehmer übervorteilt werden.
Vertagung eines Tagesordnungspunktes	Die Behandlung kann sinnvollerweise noch nicht jetzt, sondern nach der Behandlung anderer Punkte erst später stattfinden.
Aussetzung eines Tagesordnungspunktes	Die Behandlung des Tagesordnungspunktes während dieser Diskussion ist nicht möglich.
Nichtbefassung eines Tagesordnungspunktes	Das Thema ist zu abwegig und sollte zum Beispiel wegen Zeitersparnis nicht behandelt werden.
Neubefassung eines Tagesordnungspunktes	Es sind nun im Laufe der Diskussion neue Erkenntnisse gewonnen worden, die zu einer anderen Beurteilung des schon behandelten Tagesordnungspunktes führen können.
Schluß der Rednerliste	Es können keine neuen Erkenntnisse gefunden werden; die Diskussionsteilnehmer wiederholen sich.

Benutzen Sie die Umgangssprache der Zielgruppe! Welche Erfahrungen hat die Zielgruppe? Wo kommt die Zielgruppe her? Welche Sprichwörter kommen bei der Zielgruppe an? Ist Humor gefragt? Meiden Sie Fremdwörter: Fremdwörter können Sie vielleicht als „Gelehrten“ ausweisen, aber ob Ihr Anliegen dabei ankommt, bleibt ungewiß. Fachausdrücke – wenn sie denn unumgänglich sind – müssen erläutert werden.

Vermeiden Sie Reizworte, über deren Wirkung Sie sich nicht absolut sicher sind. (Achtung: Bumerangeffekt!)

Benutzen Sie Verben. Sie sind dynamisch und lebendig, während Substantive statisch und schwerfällig wirken.

Verwenden Sie Beispiele. Sie sind plastischer als abstrakte Erläuterungen und erlauben dem Zuhörer ein eigenes Urteil.

Besonders für kurze Aussagen gilt: Bringen Sie Beweise statt Behauptungen. Kausalketten erhöhen die Einsicht. Behauptungen fordern Widerspruch heraus. Behauptungen kann ich als Zuhörer glauben oder bezweifeln. Deshalb sollten Sie zweiseitig argumentieren: Gegenargumente gleich mit in den eigenen Gedankenaufbau einbeziehen!

Treten Sie selbstsicher, aber nicht überheblich auf.

Wahren Sie den Blickkontakt zu Ihren Zuhörern.

Und zum Schluß: Achten Sie auf die Redezeit! Wenn Sie vom Versammlungsleiter bereits mehrfach auf die Einhaltung der Redezeit hingewiesen wurden, deutet das nicht nur auf eine langatmige Rede, sondern auch auf Undiszipliniertheit hin. – Das „kratzt“ an der Kompetenz.

IV Checklisten

Die wesentlichen Voraussetzungen, um gut verpackte Argumente zielgruppengerecht vortragen zu können, sind in der nachfolgenden Checkliste zusammengestellt worden. Diese Checkliste ist eine systematische Zusammenfassung des Textes, den Sie soeben gelesen haben. Lesen Sie bitte jetzt die Checkliste aufmerksam durch und machen Sie sich mit der Systematik (Vorbereitung, Eigentaktik, Kollektivtaktik etc.) vertraut. Wenn einzelne Punkte noch unklar sein sollten, dann nehmen Sie noch einmal den Text zu Hilfe.

Mit dieser Zusammenfassung können Sie üben, sich auf eigene Diskussionen besser vorzubereiten. Die erste Spalte soll der Vorbereitung dienen, die zweite ist Übungs- und Anmerkungsteil.

Gute Übungen bieten dabei Fernsehdiskussionen: Wenn Sie sich mit der Checkliste vertraut gemacht haben, wählen Sie den Teil „Eigentaktik". Legen Sie ihn bitte bei einer Fernsehdiskussion so aufgeschlagen vor sich, daß Sie im Anmerkungsteil eine Strichliste führen können. Dabei gehen Sie so vor, daß Sie – jedesmal wenn Sie eine Taktik eines Diskutanten erkannt haben – an der entsprechenden Stelle der Checkliste eine Anmerkung oder einen Strich anbringen. Dies hat für Sie viele Vorteile:

1. Durch das Führen einer Strichliste verfolgen Sie eine Diskussion intensiver;

2. Sie lernen mehr Diskussionstaktiken kennen;

3. Sie lernen diese Taktiken zu bewerten;

4. Sie können Variationen hinzufügen und

5. Sie erhalten mit der Zeit eine sogenannte Normalverteilung, das heißt, eine Häufung von Anmerkungen bei bestimmten Diskussionstaktiken und bestimmen Diskutanten (zum Beispiel Politikern, Gewerkschaftern etc.).

Durch dieses Vorgehen werden Sie Ihre Checkliste zum wirklichen Hilfsmittel machen. Die Vorbereitung auf bestimmte Diskutanten wird Ihnen dabei leichter fallen. Sie selbst werden sich eine Reihe von Taktiken zu eigen machen können. Diskutieren wird Ihnen dann in Fleisch und Blut übergehen.

Checkliste 1:

Hinweise zur PODIUMSDISKUSSION,
zur Abgabe von STATEMENTS und
zum Auftreten in VERSAMMLUNGEN

I. INHALTLICHE VORBEREITUNG	ANMERKUNGEN
1. Intensive **Vorbereitung** auf das Thema und die Mitdiskutanten, Kennen der eigenen und der gegnerischen Argumente und Grundlagen: a) Argumentationskatalog b) Argumentationsregeln	
2. Beachtung der **Zielgruppe** (Drittfaktor: Mit wem diskutiere ich vor welchem Publikum?)	
3. Beachtung der **Zielgruppenkenntnisse** und -erfahrungen: a) Unkenntnis über wirtschaftliche Zusammenhänge → Versorgungs- und Anspruchsdenken b) Unkenntnis über technische Zusammenhänge → Technikfeindlichkeit c) Unterschiedliche Begriffsdefinition → Ideologisierung und politischer Mißbrauch	

I. INHALTLICHE VORBEREITUNG	ANMERKUNGEN
d) Keine neutrale Informationsauswahl → Manipulation der öffentlichen Meinung e) Gruppenspezifische Massenproduktion von Informationen → Orientierungsverwirrung f) Informationsüberflutung → Informationsannahmeverweigerung g) Verlust des Kausalprinzips → Plausibilität als Ersatz h) Fehlende Leitbilder → Autoritäts- und Vertrauensverlust, sprunghaftes Verhalten i) Mangel an Vertrauensbewußtsein und Risikobereitschaft → Flucht in die Planung und Bürokratie j) Sinnfrage → Zukunftsangst, Moralisierung, Emotionalisierung k) Sehnsucht nach Alternativen → Anfälligkeit für neue Ideologien	
4. Beachtung des politischen **Hintergrundes** (Warum wird diskutiert?)	
5. Mitnahme von **Hilfsmitteln** (Was kann ich wie gebrauchen?)	
6. Vorbereitung auf das Einführungsstatement: a) Zeitfaktor: (möglichst kurze Statements) b) Stichwortkonzept	

I. INHALTLICHE VORBEREITUNG	ANMERKUNGEN
c) DIN-A5-/DIN-A6-Format-Zettel d) „Aufhänger" finden e) Schlußwort	
7. **Coaching zum Meinungsvortrag:** a) Wie heißt Ihr Thema? b) Wie lautet Ihre Meinung? c) Wie – glauben Sie – ist die Meinung Ihrer Zielgruppe zu dem Thema? d) Welches Ziel haben Sie? e) Wie wollen Sie es erreichen? f) Welche Aufforderungen richten Sie an die Zielgruppe?	

II. TECHNISCHE VORBEREITUNG	
1. Inhaltliche und technische **Absprache mit dem Veranstaltungsorganisator:** a) Definition des Themas b) Wer sind die Mitdiskutanten? c) Wer sind die Zuhörer? d) Ort und Zeit beziehungsweise Zeitraum der Diskussion	
2. **Rechtzeitiges Eintreffen** am Veranstaltungsort	
3. **Vertrautmachen mit den örtlichen Gegebenheiten:** a) Raum- beziehungsweise Saalgröße b) Sitzordnung der Zuhörer (Plenum)	

II. TECHNISCHE VORBEREITUNG	**ANMERKUNGEN**
c) Sitzordnung der Diskussionsteilnehmer	
4. **Kennenlernen der eigenen Sitzposition**	
5. **Möglichkeiten des „Warmredens“ nutzen**	
6. **Vorgespräch mit dem Diskussionsleiter:** a) Einführung in das Thema b) Vorstellung der Diskussionsteilnehmer c) Reihenfolge der Redebeiträge der ersten Diskussionsrunde und der weiteren Runden d) Redezeiten e) Mitwirkung des Plenums	
7. **Diskussionsunterlagen**	
8. **Unterstützungsmöglichkeiten aus dem Plenum**	

III. DISKUSSIONSEINSTIEG	
1. Sachlichkeit als oberstes Gebot	
2. Der Diskussionsleiter als **Sachwalter des Zuhörers**	
3. Vorschlag von konstruktiven **Spielregeln:** zum Beispiel Redezeit, Reihenfolge, Vorstellungsrunde	
4. Einstellen auf das Diskussionsklima: zum Beispiel Sachlichkeit ohne Polemik, Angriffe, ruhige und verbindliche Diskussion	

III. DISKUSSIONSEINSTIEG	ANMERKUNGEN
5. Themenschwerpunkte setzen, Auswahl vornehmen	
6. Alles für die **Zielgruppe:** Sachwalter für die Zielgruppe	
7. Möglichkeiten von **Geschäftsordnungsanträgen:** a) Vorschlag zur Abstimmung b) Nichtbefassung c) Vertagung eines Tagesordnungspunktes d) Aussetzung des Tagesordnungspunktes für eine gewisse Zeit e) Schluß der Rednerliste f) Schluß der Diskussion	

IV. EIGENTAKTIK	
1. **Versuch einer ersten Beurteilung** der Mitdiskutanten hinsichtlich ihrer Wirkung auf das Publikum (zum Beispiel sympathisch oder unsympathisch)	
2. **Anpassen oder Abheben vom Gegner** (Ich will nicht schlechter, sondern besser sein.)	
3. Offensiver oder defensiver **Argumentationsplan**	
4. **Eigenlegitimations-** oder **Autoritäts-** und Zitationstaktik	
5. **Realismus-** oder **Gefühlsappelltaktik** (zum Beispiel Ebene der Emotionen)	

IV. EIGENTAKTIK	ANMERKUNGEN
6. **Cowboy-Methode**	
7. **Isolierungstaktik** (zum Beispiel Ansicht des Gegners = Minderheitenansicht)	
8. **Vergleichs-** oder Kehrseitentaktik	
9. **Ad-personam-Taktik** (nicht die Sache, sondern der, der sie vertritt)	
10. **Offensive – Attacke – Selbständigkeit** (Bestimmen Sie die Diskussion mit Weichenstellung.)	
11. **Taktik des „spätestmöglichen Eingriffs"** (Die entscheidenden Worte finden)	
12. **Fragetaktik:** a) offene oder geschlossene Fragen b) Fragen mit verpackter Behauptung c) produktive Fragen d) Fang- oder Kontrollfragen e) zweifelnde Fragen	
13. Achtung vor **semantischen Fallen:** a) plumpe Anbiederung b) verbale Neuschöpfungen c) semantisches Nachkarten d) Scheinbekenntnisse	

IV. EIGENTAKTIK	ANMERKUNGEN
e) falsche Alternativen wie zum Beispiel: Basisdemokratie – statt – parlamentarischer Demokratie Ökologie – statt – Ökonomie Vollbeschäftigung – statt – Geldwertstabilität Natur – statt – Chemie Arbeitsplätze – statt – Chips Mensch – statt – Technik Frieden – statt – Demokratie Wahrheit – statt – Mehrheit	
14. Achtung vor unfairer Dialektik wie zum Beispiel: – Unterstellung – Ironisierung – Ideologisierung – Emotionalisierung – Verdrehung – Abwertung – Verwirrung – Polemisierung – Ablenkung/Ausweichen	
15. Versuch, in der gegnerischen Frage oder im Statement **„Fallen“** zu erkennen, zum Beispiel: bewußte Irreführung, Unterstellung, pauschale Schuldzuweisung, semantische Positiv-Negativ-Zuweisung etc.	
16. Bei unfairer Dialektik: **Methodenentlarvung**	
17. Bevorzugung der **wertfreien** oder **fairen Dialektik,** zum Beispiel: – Versachlichung – Verdeutlichung	

IV. EIGENTAKTIK	ANMERKUNGEN
– Ermunterung – Aufwertung des Partners – Hilfestellung – Anerkennung – Bestätigung – Solidarisierung – Differenzierung	
18. Finden Sie den **gemeinsamen Nenner** (zum Beispiel bei Negativ-Appellen)!	
19. **Gemeinsame Basis** finden, zum Beispiel: Wir, uns etc.	
20. Beachtung des **Argumentationsaufbaus** (mit kurzen Sätzen), zum Beispiel: a) Information/Definition b) eigene Darstellung/ Gegendarstellung c) Urteil/Alternative	
21. Aufstellen von **Prüfpunkten:** Glaubwürdigkeit prüfen, zum Beispiel: – Demokratieverständnis – Mitbestimmung – Mitverantwortung – Mitwirkung – Mithaftung – Risikoübernahme – Entscheidungsfindung – Kräftegleichgewicht	

IV. EIGENTAKTIK	ANMERKUNGEN
22. **Regeln zur sprachlichen Aussage:** a) Gebrauchen Sie **kurze Sätze, kurze Wörter!** Jeder Gedanke ein Satz! Keine langen Komposita! b) **Systematisieren Sie:** zum Beispiel 1., 2., 3., . . . oder a), b), c), . . . aber: Sprechen Sie nicht zu viele Punkte an, besser: wenige, anschauliche Beispiele! c) **Sprechen Sie bildhaft!** Bilder haften im Gedächtnis. Bilder bewirken Emotionen. d) **Bauen Sie Kompetenz auf:** Weisen Sie sich als Fachmann aus: Wissen und Erfahrung vermitteln (Glaubwürdigkeit). e) Geben Sie auch **Schwächen** zu, dann aber: Alternativen aufzeigen! f) Sie können nicht alles wissen! Vermitteln Sie aber Glaubwürdigkeit! g) Zeigen Sie **Verbesserungen** und/oder **Alternativen** (zum Beispiel Konfliktlösung). h) Geben Sie keine **Globalantworten,** zum Beispiel: Ich will verstanden werden!	

IV. EIGENTAKTIK	ANMERKUNGEN
i) Benutzen Sie die **Umgangssprache** der Zielgruppe! Welche Sprichwörter kommen bei der Zielgruppe an? Ist Humor gefragt? Beispiele aus der Zielgruppe!	
j) **Meiden Sie Fremdwörter!** Erläutern Sie Fachausdrücke! Buchstabieren Sie notfalls Fremdwörter!	
k) Übernehmen Sie keine **Schlagworte** des Gegners: zum Beispiel Kapitalismus, Profit, Lohnabhängigkeit etc.	
l) **Vermeiden Sie Reizwörter:** zum Beispiel Multi, Jobkiller etc.	
m) **Meiden Sie Substantive, bevorzugen Sie Verben!** Verben sind dynamisch, Substantive statisch. Ausnahme zur „Methodenentlarvung“: Substantive mit ung-Endung sind günstiger (zum Beispiel Unterstellung, Verdrehung etc.)	
n) **Bringen Sie Vergleiche, beachten Sie Assoziationen!** Bilder können Vergleiche sein. Semantik bewirkt Assoziationen.	
o) **Formulieren Sie positiv!** Positive Aussagen erhöhen die Akzeptanz: Negative Aussagen schrecken ab.	

IV. EIGENTAKTIK	ANMERKUNGEN
p) Bringen Sie **Beweise statt Behauptungen!** Kausalketten erhöhen Einsicht, Behauptungen fordern Widerspruch heraus. q) **Argumentieren Sie zweiseitig!** Gegenargumente einbeziehen! Pro und Contra abwägen! r) **Zielen Sie auf den „Bauch"!** Das Gehirn ist leichter als der „Bauch". „Betroffenheit" entsteht zuerst im Gefühl. s) Reagieren Sie angemessen auf **Zwischenrufe!** (zum Beispiel eingehen oder übergehen) t) **Zeigen Sie sich selbstsicher!** (jedoch nicht überheblich sein) u) Halten Sie **Blickkontakt** zur Zielgruppe! v) Achten Sie auf Ihre **Redezeit!** (Wann muß ich Schluß machen?)	
23. Variieren Sie **Lautstärke und Tonhöhe** (laut, leise, hoch, tief, schnell, langsam etc.).	
24. **Gestik** und Sprechweise müssen synchron gehen!	

V. KOLLEKTIVTAKTIK	
1. Suchen Sie die **Unterstützung** durch Mitglieder der eigenen Interessengruppe im Publikum!	

V. KOLLEKTIVTAKTIK	ANMERKUNGEN
2. Suchen Sie nach **Bündnispartnern** auf dem Podium und in der Drittgruppe: a) natürlicher Bündnispartner auf dem Podium b) natürlicher Bündnispartner im Plenum c) konstruierter Bündnispartner auf dem Podium d) konstruierter Bündnispartner im Plenum	
3. Vermeiden Sie Anbiederung und **Kumpanei!**	
4. Bälle zuwerfen: Die **Meinung** oder das **Argument** muß im Raum stehen.	
5. Stellen Sie die eigene Frage zurück, wenn Fragen der Bündnispartner nicht oder nicht ausreichend beantwortet wurden!	
6. Setzen Sie „Zeichen“!	
7. Beachten Sie stets die **Kollektivtaktik!** Die Meinung, das Argument oder die Interessenvertretung steht im Mittelpunkt und muß der Zielgruppe nahegebracht werden.	

Checkliste 2: Diskussionsleitung

I. VERSAMMLUNGSLEITER	ANMERKUNGEN ZUR PLANUNG UND AUSFÜHRUNG
1. Voraussetzung: Beherrschung des Stoffes, gute Vorbereitung	
2. Unparteiischer Sachwalter, „Anwalt" des Publikums	
3. „Stellvertreter" für alle Teilnehmer	
4. Ruhe, Übersicht und Gelassenheit ausstrahlen	
5. behutsam, geduldig, eventuell auch humorvoll moderieren	
6. Anwendung einer verständlichen, eindeutigen Sprache mit bildhafter Ausdrucksweise	
7. sachliche Autorität	
8. Teilnahme an der Planung und Organisation der Versammlung	
9. Vorbesprechung und Vorabsprache mit den Teilnehmern	
10. Teilnehmer vor der Diskussion miteinander bekanntmachen	
11. Eröffnungs- und Begrüßungsrede	
12. Themenvorstellung: Aufhänger, Inhalte, Begriffe, Ziele	
13. Teilnehmer dem Publikum vorstellen	

I. VERSAMMLUNGSLEITER	ANMERKUNGEN ZUR PLANUNG UND AUSFÜHRUNG
14. Bekanntgabe der Geschäftsordnung (eventuell Diskussion oder Abstimmung über Geschäftsordnung) und deren Anwendung	
15. Zeitrahmen für die Versammlung vornehmen	
16. „Eisbrechen“ durch Startfrage	
17. Der Versammlungsleiter sorgt dafür, daß → die Diskussion nicht zum Monolog erstarrt → die Diskussion nicht zum Dialog zweier Experten wird → allen Teilnehmern zu jedem Zeitpunkt klar ist, worum es geht → immer wieder klar wird, worüber Einigkeit besteht und worüber nicht → Einzelergebnisse festgehalten werden (→ Protokollführer) → alle Teilnehmer wissen, wieviel Zeit für die Diskussion der einzelnen Punkte (noch) zur Verfügung steht → jeder zu Wort kommt, der es möchte	

I. VERSAMMLUNGSLEITER	ANMERKUNGEN ZUR PLANUNG UND AUSFÜHRUNG
→ die notwendige Aufmerksamkeit und Ruhe vorhanden ist, ein entspanntes, offenes Klima vorherrscht.	
18. Anregungen geben und Brücken bauen	
19. Differenzen verdeutlichen	
20. besonders erfolgversprechende Beiträge, Fragen und Anregungen hervorheben und sie zur Diskussion stellen	
21. Diskussion über neue Fragestellungen erweitern	
22. Diskussion laufen lassen, wenn sie spannend ist und die Teilnehmer sich an die Geschäftsordnung halten	
23. Beiträge unterbrechen, die nicht zum Thema gehören; dafür sorgen, daß nicht vom Thema abgewichen wird (rechtzeitiges Eingreifen notwendig)	
24. auch schüchternen (aber kompetenten) Teilnehmern helfen, wenn sie nicht zu Worte kommen	
25. „Dauerredner“ und „Alleswisser“ zügeln	
26. Verallgemeinerungen, Schlagworte und Worthülsen abwehren und Begründungen verlangen	

I. VERSAMMLUNGSLEITER	ANMERKUNGEN ZUR PLANUNG UND AUSFÜHRUNG
27. zur Ordnung rufen	
28. zur gegebenen Zeit (zum Beispiel nach Tagesordnungspunkten) Zwischenbilanz ziehen	
29. gegebenenfalls Diskussionsbeiträge nachformulierend verdeutlichen	
30. Zusammenfassung und Ausblick geben: → Umfang der Übereinstimmung feststellen → die gemachten Kompromisse aufzeigen → Lösungen vortragen → zur gemeinsamen Weiterarbeit ermuntern → eventuell Termin für eine weitere Versammlung planen	
31. positiver Ausblick	
32. Dank an die Teilnehmer	
33. Schluß der Versammlung (Schlußwort)	

II. ANTRÄGE UND WORTMELDUNGEN	
1. Handzeichen vereinbaren	
2. Rednerliste führen	
3. sachliche Vorgehensweise bei der Worterteilung	

II. ANTRÄGE UND WORTMELDUNGEN	ANMERKUNGEN
4. Inhalte von Anträgen und Wortmeldungen: → Vorstellung der Person des Wortmeldenden → Adressat der Wortmeldung → Aussage → Empfehlung, Bitte, Vorschlag etc.	

V Schlußbetrachtung: Erkennen und Handeln

Wozu dienen nun die Anregungen auf dem Gebiet der rhetorischen Taktik? Haben wir Ihnen die Verwerflichkeit semantischer Falschmünzerei geschildert, um Sie nur auf die Finten trickreichen Diskutierens hinzuweisen? Nein, aber leider läßt sich das Ringen um begriffliche Redlichkeit nicht von den Fertigkeiten trennen, ein Gespräch zu gestalten.

Schon im Sinne semantischer Klarheit müssen Sie in der Lage sein, Ihr Gegenüber zu eindeutigen Definitionen seiner Diktion zu zwingen. Denn, was nutzen Ihnen letztlich theoretische Kenntnisse über die besagte Materie, wenn Sie im Gespräch hilflos zusehen müssen, wie Ihr Gegenüber schamlos Begriffsetiketten austauscht, Emotionen assoziiert und Ihnen „die Worte nimmt"?

Wir haben Ihnen keine unlauteren Methoden empfohlen. Sprache ist ein lebendiges Medium, dessen wir uns auf kunstvolle oder achtlose Weise bedienen können. Nichts spricht dafür, daß eine bewußt genutzte Sprache unredlich ist. Unredlich kann allein die Absicht sein, in der sie genutzt wird. Und gerade an diesem Punkt wollen wir ja die Strategie semantischer Trickkünstler aufdecken! Unsere Anmerkungen zu geschicktem Verhalten in der Diskussion sind sicherlich unvollständig. Sie sollten Ihnen nur den Hinweis geben, sich mit diesem Gebiet vertraut zu machen. Im Anhang finden Sie neben der zitierten Literatur eine Liste einschlägiger Fachbücher, die das Thema unter vielen Aspekten angehen.

Alle Theorie aber fruchtet nichts, wenn sie sich nicht in der Praxis bewährt. Deshalb nutzen Sie jede Gelegenheit, die sich Ihnen bietet! Sie werden schnell erkennen, daß Übung im Sprechen Ihnen Sicherheit bringt.

Erkennen und Handeln – diese beiden Prinzipien müssen für uns zusammengehören, wenn wir im Kampf um Worte und um das Denken der Menschen bestehen wollen.

Literatur

Arlt, Fritz, 1975: Die Schule der Diskussion, Kevelaer

Beckmann, Oda, 1993: Sorge um unsere Sprache, Waldbröl

Bergsdorf, Wolfgang (Hrsg.), 1979: Wörter als Waffen, Stuttgart

Blankenstein, H. et al.: Streß verstehen und bewältigen, Rheinbraunhefte zur Fortbildung, Nr. 9, o. J., Seite 37 ff.

Burkhardt, Armin, 1992: Können Wörter lügen?; in: Universitas, Heft 9/1992, Seite 931 bis 940

Geissner, Helmut, 1974: Rhetorik, München

Hermann, Paul, 1992: Reden wie ein Profi, Rhetorik für den Alltag, München

Holz, Werner, 1988: in: Frankfurter Rundschau vom 28. Juni 1988

Hughes, Robert, 1994: Nachrichten aus dem Jammertal, München

Institut für Jugendforschung, 1991: Assoziationstest zu Begriffen und Bildern der Bundeswehr, Psychologische Trendstudie 1991

Lentz, Brigitta, 1992: Vorsicht Kamera; in: Capital 3/92, Seite 241 ff.

Meixner, Hanns-Eberhard, 1992: Überzeugen statt Anweisen, Rostock

Morris, Desmond, 1978: Der Mensch, mit dem wir leben. Ein Handbuch unseres Verhaltens, München/Zürich

Muccielli, Roger: Gruppendynamik, Salzburg, o. J.

Müller, Ulrich und Horst **Schuh,** 1980: Denken Reden Überzeugen – Lehr-, Lern- und Lesebuch zur Diskussionstechnik, Heiligkreuztal, 3. Auflage

Niedenhoff, Horst-Udo, 1982: Auf dem Marsch durch die Institutionen, Köln

Portner, Dieter, 1987: Mit Worten überzeugen, Herford/Bonn

Reichelt, Paul, 1988: Der Bluff mit dem Luftballon; in: Rheinischer Merkur vom 22. Juli 1988, Düsseldorf

Reineke, Wolfgang, 1994 a: Das Medien-Brevier, Funk und Fernsehen: Beobachtung – Kritik – Nutzung, Köln

Reineke, Wolfgang, 1994 b: Vademecum für Auftritte in TV und Hörfunk, Köln

Schmölders, Günter, 1979: Semantische Fallen im Politikvokabular; in: Wolfgang Bergsdorf (Hrsg.), Wörter als Waffen, Stuttgart, Seite 62 bis 70

Schober, O., 1991: Wenn ein Lächeln kein Lächeln mehr ist; in: Psychologie heute 6/91, Seite 30

Schuh, Horst und Wolfgang **Watzke,** 1994: Erfolgreich Reden und Argumentieren, Grundkurs Rhetorik, München, 2. Auflage

Stahn, F., 1990: Machen Kleider Leute? Wie Modeexperten unsere Politiker sehen; in: Das Parlament vom 5. Januar 1990

Streithofen, Basilius, 1988: So mancher Bischof gleicht einem Kellner; in: Rundschau am Sonntag vom 7. August 1988

Wolter, Kurt, 1987: Die Redekunst, Berlin

Die Autoren

Horst-Udo Niedenhoff,
Dr. rer. pol., Dipl.-Vw., geb. 1942 in Köln.
Studium der Volkswirtschaftslehre, politischen Wissenschaft und Soziologie in Köln.
Leiter des Referats für Gewerkschaftsfragen im Institut der deutschen Wirtschaft. Dozent an verschiedenen Bildungseinrichtungen der Wirtschaft.

Horst Schuh,
Prof. Dipl.-Psychologie, geb. 1941 in Trier.
Studium der Psychologie, Politik- und Sozialwissenschaften in Saarbrücken, Tübingen und Bonn.
Dozent an der Fachhochschule des Bundes für öffentliche Verwaltung, Fachbereich öffentliche Sicherheit.